山西
文化记忆

夕照中的飞檐

丛书主编 杜学文

边云芳 等 著

山西出版传媒集团　山西教育出版社

山西文化记忆

编委会主任　王爱琴　陈建祖
编委会委员　(按姓氏笔画排序)
　　　　　　杜学文　杨茂林　张　晴　张锐锋
　　　　　　赵永强　赵晓春　郭叔增

丛书主编　杜学文
撰　　稿　(按姓氏笔画排序)
　　　　　　王　芳　边云芳　朱伊文　李　玉
　　　　　　李云峰　赵　平　高迎新　谢红俭

丛书题签　陈巨锁
图片提供　王广湖　兰　华　任五刚　李云峰　李爱国
　　　　　　尚建周　杨　东　饶二保　贺贵军　贺子毅
　　　　　　武　涛　武普敖　郭昊英　袁莉芳　徐劲松
　　　　　　高　智　高江涛　席九龙　陶富海　梁　铭
　　　　　　崔　璨　谢子菲　薛　欢　魏新生
　　　　　　国家文物局
　　　　　　八路军太行纪念馆
　　　　　　平型关大捷纪念馆
　　　　　　晋绥边区革命纪念馆
　　　　　　右玉县文化旅游局
　　　　　　洪洞大槐树寻根祭祖园
　　　　　　视觉中国

序

溯源文化记忆，讲好山西故事

山西省文化和旅游厅厅长 王爱琴

　　经过大家的努力，"山西文化记忆"丛书就要面世了，这是一件好事。在这里我首先要祝贺这套丛书的出版，它为广大读者了解山西，了解我们祖国悠久灿烂的文化，提供了一个崭新的窗口。

　　"山西文化记忆"是山西于2022年启动的一项旨在宣传山西地域的历史文化，梳理中华文明发展进程中依然存留在世的文化资源，向社会推广、普及中华优秀传统文化的重点工作。项目启动后，聘请在相关领域有较深造诣的同志组成专家组，在各地申报的基础上，按照历史文化价值、市场开发程度、社会影响力等几个方面，坚持正确导向，进行反复论证，投票推选出预选项目，在网络媒体向社会征集意见，总共获得了530余万选票，短视频播放量突破300万，显示出社会对此项活动的关注与支持。之后，由专家组结合线上点击情况进一步研究论证，评出首批山西文化记忆项目32项。这些项目以文化遗产、文化景观与非物质文化遗产为主，涵盖古代历史，兼顾现当代，覆盖山西11个地市，较为典型地展现了山西悠久的历史与深厚的文化底蕴，引起了省内外各界的关注，对提升山西文化影响力，增强我们的文化自信，促进文化与旅游融合，推动新兴文旅产业的发展，具有非常重要的意义。

山西表里山河，地处黄土高原，在中华文明的形成与发展中具有极为重要的地位，保留的各类文化遗存也极其丰富，具有典型意义。在距今五六千年的时候，中华大地满天星斗，各地都出现了文明的火花，有些已经演进成为典型的文明形态。根据考古研究，诸如红山文化、大汶口文化、良渚文化、陶寺文化等在当时都具备了文明形成的相关条件，与古籍的记载相应，是中华文明形成、融合、演变的实证。而诸如双槐树遗址、石峁遗址、三星堆遗址等重要遗址揭示的文化形态，生动地显示出中华文明形成与演变的历史。山西地域，特别是汾河流域具有极为独特的意义，是中华文明总根系中的直根系。山西不仅发现了人类即将形成时期的高等灵长类动物曙猿化石，也发现了人类最早使用火的实证。距今大约243万年以来人类发展历程的各个环节在山西都有重要的文化遗存存世，这可以生动地显示出中华文明孳生、形成、发展与演变的全过程。

根据史籍记载，以及考古研究，山西的历史文化大致具有这样一些特征。一是系统性，能够完整地显示出人类在山西地域乃至中华地域的演变发展，体现出突出的连续性特性；二是典型性，许多文化现象是中华文明的典型代表，如西侯度遗址、丁村遗址、许家窑遗址、峙峪遗址、下川遗址，以及西阴遗址、陶寺遗址等，还有诸如佛光寺、应县木塔、悬空寺、永乐宫，以及平遥古城、云冈石窟、五台山这些世界文化遗产等，都是中华文明不同时期、不同类型的代表；三是稀缺性，许多文化遗存具有独特的文化意义，甚至具有唯一性，如丁村遗址发现的人骨化石、佛光寺东大殿的唐代木构建筑、永乐宫的壁画，以及武乡八路军太行纪念馆展示的根据地军民抗战史等。它们生动地证明了文明进程中的某一历史或历史现象、历史环节，显示出山西地域丰富的文化形态及其重要的文化价值。我们希望通过开展"山西文化记忆"项目的推选、宣传，使山西的历史文化被社会进一步了解，其文化意义进一步彰显，文化的"记忆"进一步深刻，山西的文化形象也进一步光大。

"山西文化记忆"丛书共4册，对32个项目进行了介绍。经过山西教育出版社的同志与各位作者的努力，这些文字将要与读者见面了。这套丛书图文并茂，可读可看，形象生动，对各项目的介绍避免了简单化、概念化，既体现出严谨的学术品格，又融入了作者个人的思考、感受、想象，学术性与文学性有机统一，显现出极为生动自然的风格。也正由此，这套丛书具有了与其他图书不同的特点，更追求学术的严谨认真，更为好读，更具吸引力，容易被读者接受。

　　山西拥有丰富的历史文化资源，如何把资源转化为活力，开创山西文化旅游发展的新局面，是我们要思考和解答的重要课题。新时代新征程上，我们要以习近平文化思想为指引，切实担负起新的文化使命，坚持守正创新，保护好、传承好、利用好历史文化遗产，有力推动中华优秀传统文化的创造性转化、创新性发展，赓续历史文脉、谱写当代华章，讲好中国故事、山西故事。山西省委、省政府高度重视文化和旅游融合发展，坚持以文塑旅、以旅彰文，挖掘文化内涵，推动活化利用，做好文化、文物、文创文章，围绕引导融合发展方向、优化产业发展环境、激发文旅消费潜力、规范市场秩序等相继出台了一系列政策举措，有力健全了现代文化和旅游融合发展的产业体系和市场体系，为奋力谱写中国式现代化山西篇章注入了强大文化力量。

山西是一片历史悠久的土地，也是一片充满魅力、蕴藏着巨大活力的土地。相信大家能够通过这套丛书，对山西有更多的了解，从而对我们的中华文明有更深入的体认。也希望大家能够多来山西，更好地体验山河之壮阔、文明之灿烂、人文之厚重、明天之美好。

目 录

晋祠

时光深处的美丽花园 _002

中国现存最早的古典宗祠园林建筑群,人文景观与自然山水完美融合的典范,为中国古代营造法式的活化石。古代晋唐文化"历史记忆"与古典皇家园林"教科书"的双重标本。

悬空寺

石壁何年结梵宫 _046

建于北岳恒山绝壁之上的悬空式木构建筑,国内现存最为著名的儒、释、道"三教合一"寺观,完美地融力学、美学和文化于一体,险峻无二、形制奇绝。

佛光寺

千年的风华百年的荣辱 _072

中国现存唐代最伟大的殿堂式木构建筑，特别是经梁思成、林徽因二位先生慧眼发现，书写了中国乃至世界木构建筑的传奇。

应县木塔

峻极神工的东方传奇 _102

世界上现存最古最高的纯木构楼阁式建筑，结构严谨、巧夺天工，展示了我国古代高超的建筑艺术，被誉为"世界三大奇塔"之一。

永乐宫

续写八百载艺术辉煌 _130

中国现存最为完整的元代道教宫观，其壁画艺术集历代之大成，既承袭了"吴带当风"的唐代正统派绘画神韵，又有融合百家于一体的创新，是世界古代壁画艺术宝库，为中国美术界尊崇的临写圣地。

太原双塔·永祚寺

青砖有情，紫霞不老 _160

三晋名刹永祚寺建有国内现存古代砖塔成双组合实例中形制最完善、规模最大、塔身最高的宣文双塔，充分显示了我国明代中叶砖塔建筑的高超技艺，是省会太原的地标建筑。

皇城相府

中国有古堡 _188

中国北方规模最大保存最完好的明清古堡建筑，融拱卫防御与人文生活于一体，是至今仍在使用的极具特色的中国民居。是《康熙字典》总裁官、一代帝师陈廷敬的故居。

碛口古镇

水旱码头的昔日辉煌 _218

明清至民国时期黄河干流的水旱码头和商贸重镇，连通晋陕蒙甘的商品集散中心，被誉为"九曲黄河第一镇"。其形制依山临河、参差错落，为黄土高原人居建筑和乡村聚落的活态典范。

后记 _243

历史来路　时光剪影

晋祠

时光深处的美丽花园

__ 王芳

　　昔智伯之遏晋水以灌晋阳，其川上溯，后人踵其遗迹，蓄以为沼，沼西际山枕水，有唐叔虞祠。水侧有凉堂，结飞梁于水上，左右杂树交荫，希见曦景，至有淫朋密友，羁游宦子，莫不寻梁契集，用相娱慰，于晋川之中，最为胜处。
　　　　——北魏地理学家、散文家郦道元《水经注》

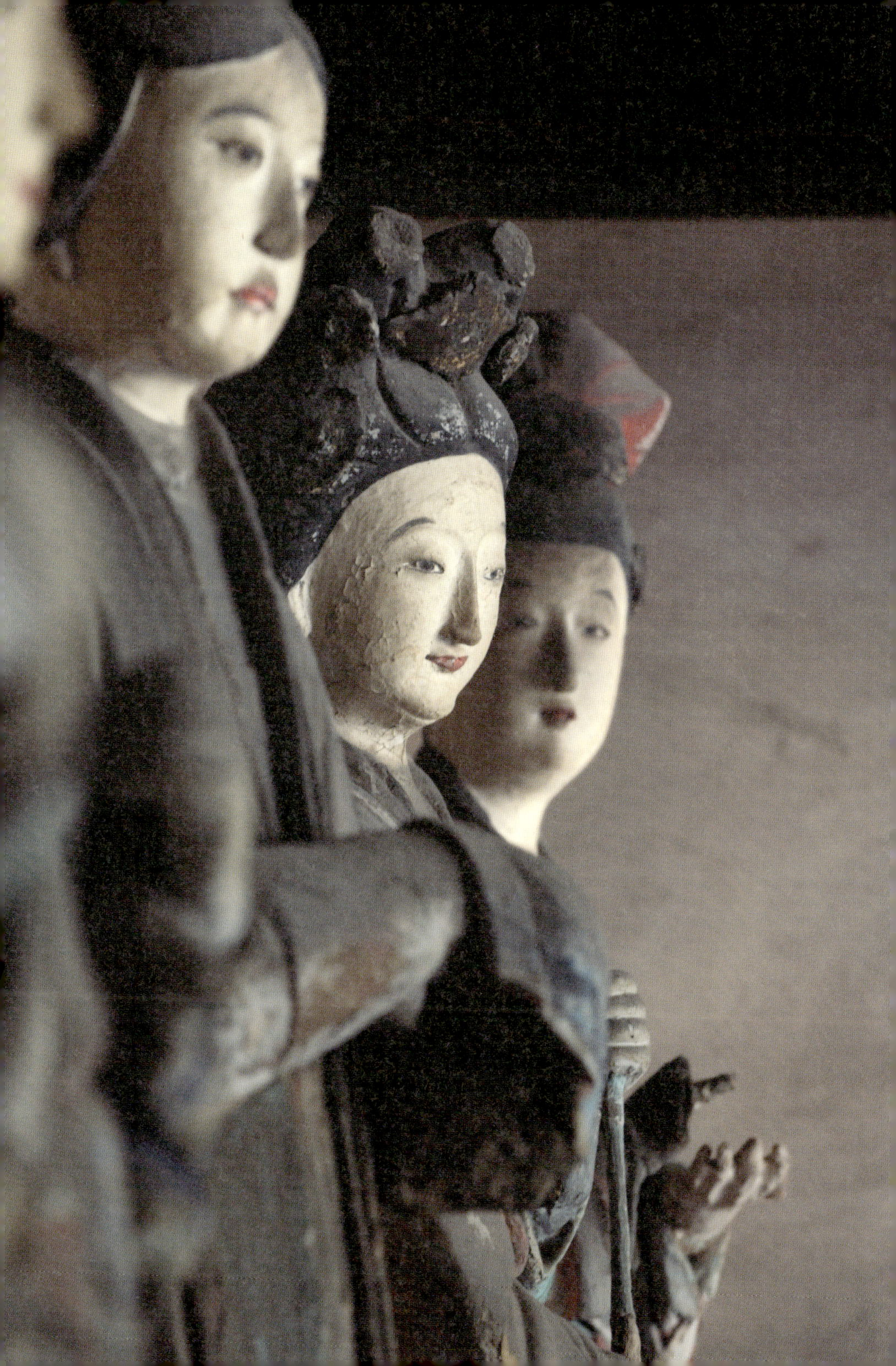

八条龙。

龙身俱盘旋向上，在朝阳或夕照下，无限生机从片片鳞甲上迸射出来，龙首扬起，唇张目怒，龙爪还呈各种抓拽状。走近它们，却不敢长久凝目，恍惚间只觉一晃神，它们就要飞过眼前，飞往天上。

心中坦荡，便可与它们进行心灵上的交流。咋这么可爱啊，想飞又飞不走，便做出盘旋状，左面的右旋，右面的左旋，似撒娇，似挣脱，似悲悯，似警示，龙翔凤翥，它们有自己的世界。右面的第二条龙，怎么还比起了剪刀手？瞬间让人破防，那几分威严几分亲切的姿态掳获了世人的心。在这个龙年的时空里，龙们都欢庆起来。

我又一次站在晋祠圣母殿前打量着廊柱上的八条龙。

若从北宋元祐二年（1087）算起，它们中最长的已经937岁了。

近千岁的精灵！

这龙，是古老的，却有着簇新的心态。或许身姿有些沧桑，但

晋祠 时光深处的美丽花园

木雕盘龙

近千岁的精灵

龙们的内心是强大的，精神是强健的，骄傲地永远昂起高贵的头颅。

龙们应该骄傲。

龙们守护着的圣母殿，是中国现存古建筑中"殿周围廊"的最早实例，殿身梁架采用了《营造法式》中"八架椽屋，乳栿对六椽栿用三柱"的结构，殿内无柱，前廊开阔，是北宋建筑的典范。并且，圣母殿才是晋祠的核心。

龙们背倚悬瓮山，面朝亘古流淌的晋水，守护在这里一千多年，见证着眼前建筑的兴衰，见证着从北宋到如今的沧桑与兴盛。其实何止啊，龙们出世虽晚，却从一辈又一辈人的口口相传中，早就知道了，自己守护的并不仅仅是历史，而是更远更早更老更传奇的过往。身边，还有老周柏陪着呢。这里的故事，从唐叔虞落座祠堂便开始了，是三千年诉不尽的山隐隐水迢迢。龙们见过繁花与众人，仅数得出名字的人就有郦道元、李世民、尉迟敬德、李白、欧阳修、范仲淹、元好问、罗洪先、王琼、傅山、顾炎武、朱彝尊、杨廷翰、杨二酉、郭沫若、梅兰芳等。他们有的在挥笔书匾，有的在奋笔疾写，有的在摇头吟诗，有的在叹息江山胜迹，有的在对景沉思，有的仿照着塑像做出相同的神态。龙们只看不说。

山环水绕中，龙们的气质如山间不老松。人们赋予龙们的，是文化生命、历史生命，以及不可尽言的价值生命。

龙们似乎能在无人时，飞翔在晋祠的上空，端详着中轴线上的布局，从东向西，一长溜铺排过去，水镜台、会仙桥、智伯渠、金

人台、对越坊、献殿、鱼沼飞梁、圣母殿。中轴线以北有唐碑亭、唐叔虞祠、昊天神祠、苗裔堂、钧天乐台；中轴以南有水母楼、难老泉、王琼祠、傅山纪念馆、晋溪书院、奉圣寺、舍利生生塔等。

这真是极好的呀，是一座古典园林，又是一座博物馆。龙们有周柏唐槐的加持，也与草木生灵一起见证了后来出现的一切，包括北宋工匠的仔细勤勉、金代工匠的谨慎小心、明代工匠内心滋长的小傲娇，而清代工匠在不停地修修补补，众多的工匠汇艺术之巧思，集财力与愿望，在漫长的岁月里，营造出这么一处绝佳胜地，任谁来，都得感叹几句。

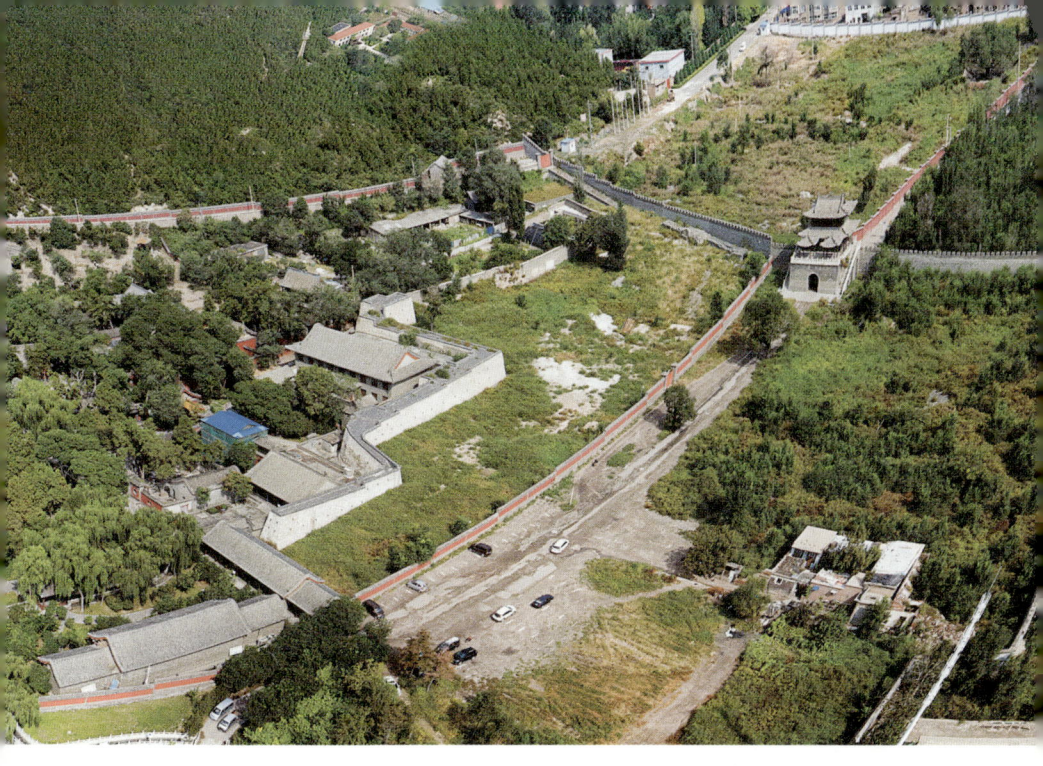

俯瞰晋祠，美丽花园

　　这不，那一年是1934年，梁思成与林徽因在去往汾阳的路途中，公共汽车绕到晋祠背后，他们看到了"魁伟的殿顶，雄大的斗拱，深远的出檐"，那真是非常醒目。其实他们看到的只是大殿一角，依然魂牵梦萦。等他们从汾阳返回太原时，忍不住拖着重重的行李，一头扎了进来。

　　但是一进了晋祠大门，那一种说不出的美丽辉映的大花园，使我们惊喜愉悦，过于初时的期望。无以名之，只得叫它作花园。其实晋祠布置又像庙观的院落，又像华丽的宫苑，全部兼

光影中的圣母殿

有开敞堂皇的局面和曲折深邃的雅趣，大殿楼阁在古树婆娑池流映带之间，实像个放大的私家园亭。

所谓唐槐周柏，虽不能断其为原物，但枝干奇伟，虬曲横卧，煞是可观。池水清碧，游鱼闲逸，还有后山石级小径楼观石亭各种衬托。各殿雄壮，巍然其间，使初进园时的印象，感到俯仰堂皇，左右秀媚，无所不适。

这游鱼碧水，这挑角飞檐，莫不是唤醒了他们的艺术感知吧？梁思成与林徽因这一对锦心绣口的夫妻，抑制不住心头的兴奋，合作完成了《晋祠》一文，以至于那些古建爱好者、探幽寻胜者只要想到晋祠，就要把这篇动感静态相融、文思学理皆备的文章翻检一番，以至于2020年清华大学建筑学院的学生重走梁林路时，头站就选在了晋祠。

不该骄傲吗？

该，应该。每一个山西人乃至中国人都应该和这飞旋的八条龙一样骄傲，为这胜景，为这价值。

故事应该从西周开始，不然，那周柏不同意，定会和你争辩一番。

周柏与唐叔虞

周柏三千岁了，无人知道是谁种植了它，它自然而然地在这里享受阳光雨露，活着。于是，便知道了一切。

周柏的身躯是倾斜的。据说，这里原来是有两棵柏树的，一棵龙柏，一棵凤柏。清道光年间，凤柏身上长出一颗毒瘤，人们怕毒瘤殃及龙柏，就把凤柏砍掉了，从此，龙柏就向凤柏的方向倒下，树身上还长出一个形似龙眼的树节，这龙眼见雨就"落泪"。龙柏在倾倒的过程中，旁边长出一棵小柏树，接住并支撑起了龙柏，龙柏便永远不会与大地亲密接触了。人们把那棵小柏树叫撑天柏。

传说就是传说，传说也只能是传说，但悲情的泪总能入世俗男

沧桑周柏

女的心，因为人们知道，世上的山盟海誓或生死坚守有时候会被拦腰截断，即使龙凤也同样。人们愿意给奇妙的物事一个注解，这注解是希望，是美好，是生活的调剂和色彩。

连柏树都长成了龙。

谁把它称为龙柏？它又与谁朝夕相伴？

唐叔虞祠创建于何时，没人能弄清楚。有人说是西周，但西周时，唐叔虞拥有的晋国疆域还没能突破霍山，太原也不在晋国的视线内。但这都没有关系，重点是西周王朝的王亲国戚唐叔虞还是来了。

唐叔虞是周武王的儿子，母亲是邑姜，外公是大名鼎鼎的姜子牙。叔虞之前，武王夫妻已经生了姬诵，也就是后来的周成王。据说，叔虞出生时，手心里便有一个"虞"字。《左传》记载，邑姜十月怀胎时，天帝对邑姜说："我让你生个儿子，并为你的儿子取名为虞，我准备将唐地赐给他。"哈，叔虞的名字是上天给的呢，应该也带有上天的使命。

"桐叶封弟"的故事最早见诸《吕氏春秋》。有一天，周成王与叔虞闲坐，成王摘下一片梧桐叶，削成玉圭的形状，给了叔虞，叔虞很高兴，周公旦马上问成王，你是要封叔虞吗？周成王说自己只是开玩笑，但周公旦这个叔叔还是很讲究的，马上严肃地来了一句：天子无戏言。于是史官记了下来，乐人吟诵不已，士子们免费宣传，人们想不知道都不行，叔虞于是成了一方诸侯。《史记》的记载与此大同小异,总之,叔虞到了唐地。

中国人喜欢把事实叠加几分神秘,仿佛不这样的话就少了几分正当性。我特别不想复述这个故事,每次复述都要皱眉头,这样的故事把真正的事实淹没了。

实际上,当时"河汾之东方百里"的唐地发生叛乱,这都是叔叔们惹的祸。在此不得不提一句,叔虞有周公旦这样殚精竭虑的叔叔,也有管叔、蔡叔那样被封出去还要作乱的叔叔,叔叔们相煎太急。周公旦平了叛乱,顺便灭了唐国,将唐人迁往杜地。为了加强河东地区的统治,也出于为周王朝竖起一道屏障的需求,叔虞被郑重地派到唐地,史称"藩屏周室"。当然,接到藩屏任务的并不只有叔虞,那时至少封了七十二个诸侯,但叔虞是周成王最亲近的人。

叔虞这才成了唐叔虞。

叔虞带着《唐诰》,带着王赐的密须之鼓、阙巩之甲、沽洗之钟等,还有"启以夏政,疆以戎索"的国策,带着臣子、工匠、谋士、随从,跋山涉水而来。他励精图治,把唐地治理得很好,国内还生长出了嘉禾。

叔虞死后,周王令唐伯迁于晋,传世青铜器觉公簋可证此事。叔虞的儿子姬燮把都城从唐迁于晋水边,瓜瓞绵绵,子子孙孙,开启了晋国六百余年的兴衰荣辱史。艰难求存过,和戎维稳过,春秋争霸过,晋国人把自己的历史生生地打造成了山西遥远的过去,直到三家分晋。之后,又是百余年风云变幻。公元前221年,秦统一六国，晋彻底消失于世上。

唐叔虞是晋人的祖先，他身虽去，却以功绩和地位矗立在后世人的心中。后人需要祭祀他，祭奠他，那就建祠立寺。也或许当晋国的地盘一直向北发展，出于"疆以戎索"的政治需要，有一个人享祀是最有说服力的，那更得建祠。后来晋阳成为赵国的城池，也不影响赵人祭祀晋国最早的国君。百姓们不管这些权力斗争，只要有一处香火，便可安放他们的心意。民间和庙堂共同需要唐叔虞祠的问世。

难老、善利、鱼沼三股泉水汩汩而流，汇成《山海经》里的一句话："悬瓮之山，晋水出焉。"这真是一块宝地呀，前有鱼沼泉，后有悬瓮山，左边是善利泉，右边是难老泉。大地对应着苍穹，叔虞祠就建在这里吧。

最早的唐叔虞祠应该很简单，但人们一辈辈地把俗世愿望往这里安放，祠也就慢慢扩展。到北齐时，皇帝高洋把晋阳定为别都，于天保年间大起楼观，穿筑池塘，读书台、望川亭、流杯亭、涌雪亭、难老泉亭等建筑扩建起来。隋文帝开皇年间，祠的西南建起了舍利生生塔。隋之前，中国共有19座佛祖舍利塔。隋文帝三次颁诏建佛塔，据说隋代建起了113座，大约舍利生生塔便在这113座之中。

如今的唐叔虞祠在中轴线之北，重檐歇山顶，前廊后檐，局部保留了元代建筑结构。殿内有唐叔虞像，美髯，长袍，有着文人的

唐叔虞祠

温润。唐叔虞祠享殿中有十四尊乐伎像，依照元人演戏神态而塑，永远地陪着唐叔虞。

至于此晋水，是不是唐迁于晋的晋水，不在此处讨论，那又是一个长长的故事。

总之，八条龙虽未赶上唐叔虞的辉煌，面对着圣母殿旁边的唐叔虞祠，却也会让人产生"君生我未生，我生君不老"的感觉。始创晋国的唐叔虞当得起龙形龙迹这样的荣誉。

建筑在变，不变的是人们祭祀唐叔虞的虔诚，这虔诚把历史带到了唐朝。

李世民与《晋祠之铭并序》

三晋消失后，历经多代，中国开始步入大一统的轨道。

太原曾是隋炀帝杨广做晋王时的封地，但对于此人之功过世人多有微词，就在杨广把国家治理得乱象丛生时，杨广的亲戚有了异心。

西魏时有个大帅哥叫独孤信，此人是军队的掌权人之一，生了几个如花似玉的女儿，七女儿嫁给了隋文帝杨坚，四女儿嫁给了李渊的父亲，也就是说李渊应该称呼杨坚为姨夫。

615年，李渊出任太原留守，李世民跟随父亲来到太原。这时的隋王朝，已经像一个纸糊的破屋，各地起义不断，李渊与李世民父子对自己的亲戚倒也毫不手软，天下是天下人的天下，得天道者可得。李世民不是无能之辈，少年时便随父亲四处征战，突厥人把隋炀帝围困在雁门，是李世民设计救出来的；李渊被叛军围困，是李世民突骑救父。李世民有勇有谋，且能谋定后动。617年，李世民促使李渊从晋阳起兵，剑指天下。

李渊父子起兵时，曾在唐叔虞祠长跪祈祷，只望神灵能助他们一臂之力。

也许真是神灵显迹，一年后，他们父子就攻入长安，天下易主。李渊开国，定国号为唐。

我曾问过，李家的唐，是不是唐叔虞的唐？没有人给我一个确切的答案。但有一些零散的说法。

一、是从字义来看,"唐"从庚从口,"庚"是繁盛殷实,"口"是繁衍生息,"唐"又有广大浩然、堂皇有气势之说,寓意很好。二、李渊认为五行到了他这一代为"土德",而"唐"恰有土的意思。三、李渊的祖父李虎曾被封为唐国公,李渊七岁就袭封唐国公了。四、"唐"是指"唐尧",即德高望重的尧帝。尧时代过去了,尧的地盘上传承下来一个古唐国,人们称其为唐地,叔虞来到唐地,后来建立了晋国。古唐国以及晋国都不在了,文化却传承了下来。五、就李渊自己而言,隋朝时曾任太原留守,又在太原起兵,而古时一直认为太原一带也是唐地。综合几方面因素,李渊认为自己得天下就是得了天道,名正言顺,因此立国号为唐。

虽然理由很多,李虎为什么被封为唐国公,原因也并不确切,但不影响我们这样认为:

那个万国衣冠拜冕旒的唐朝,那长安三万里的锦绣,与唐叔虞有关;唐、唐地、唐朝,与晋祠有关。

唐朝定鼎后多次修缮扩建晋祠,只有扩建后的金阙九层和玉楼千仞,才配得起李世民对王朝远景的畅想和对唐叔虞的不胜感激。

离开太原二十八年后的贞观十九年(645)腊月,李世民回到了并州这龙兴之地。征伐高丽未果的帝王,到熟悉的胜地来抚慰心身。

站在二十八年来只能在梦里相见的晋祠,这景,都是熟悉的,出征的豪气也还在,可前尘往事,裹染了多少血雨腥风与权谋算计?丝丝复杂滋味打通了他的任督二脉,继而游遍全身。

李世民激动不已。回到王业肇基之地，且逢新旧岁交替之时，为表皇恩浩荡，李世民特赦并州囚犯，设宴宴请随从官员和从龙之臣，赏赐粟帛若干。当初起义时在编的人员，都可免除徭役三年，后来入籍的免一年徭役。这一点，《旧唐书》《新唐书》均有记载。

隔着溶溶月点点风，似乎都能听得到并州城内一片欢呼声。

可新旧唐书却隐没了一通石碑。

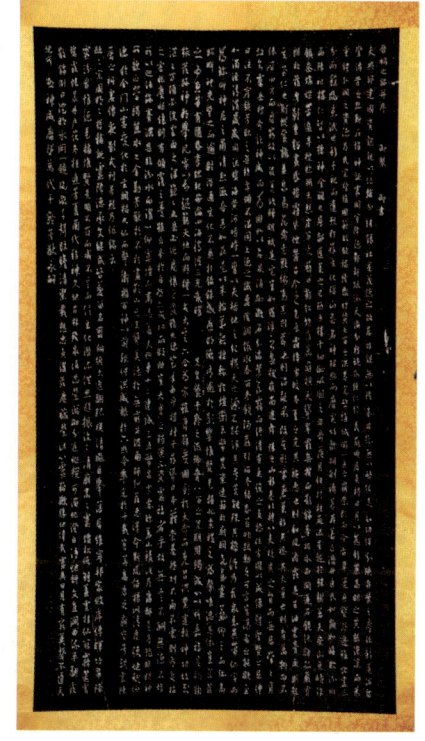

《晋祠之铭并序》石碑

感慨万千的李世民，是故地重游，也是还愿来的，怎能不勒石以铭？他净手焚香，亲撰亲制石碑一通，高1.95米，宽1.2米，厚0.27米。碑首有螭首一对，双双下垂。螭，也是龙，只是没有角。龙无处不在，龙眼记下一切。李世民一字一字地写出胸中丘壑，碑首：贞观廿年正月廿六日。这九个飞白体笔法的字，给我们提供了一个精准的时间之靶。端详片刻，李世民又饱蘸激情，写下《晋祠之铭并序》，共1203个字。这些文字从李世民的心中，如龙般游弋到腕上、手中、石上。文章开篇：

> 夫兴邦建国，资懿亲以作辅；分珪锡社，实茂德之攸居。非亲无以隆基，非德无以启化。是知功侔分陕，奕叶之庆弥彰；道洽留棠，传芳之迹斯在。
>
> 惟神诞灵周室，降德鄨都；疏派天潢，分枝璇极。经仁纬义，履顺居贞。揭日月以为躬，丽高明之质；括沧溟而为量，体弘润之资。德乃民宗，望惟国范。故能协隆鼎祚，赞七百之洪基；光启维城，开一匡之霸业。

开篇即讲"德"在邦国中的重要作用，全篇反复提到的"德"字，就是李世民想要表达的宏愿。德是民宗，德是国望。唐叔虞正是因为有德，才把唐国治理得"经仁纬义，履顺居贞"；正是因为有德，才开创了晋国的辉煌霸业。唐叔虞的光芒像日月一样，照亮了晋地的山川河流。

唐与晋的美好政声，如光焰普照，映照出的是李世民自己的仁政思想。"临汾水而濯心，仰灵坛而肃志"，焉知他不是拿自己与唐叔虞类比？那澎湃的心志，今日读来仿佛还能触摸得到。盛唐的气度在碑文中显露无遗，李世民的雄才也在此时与文才一起映照千秋万代。

……

玄化潜流，洪恩遐振。沉沉清庙，肃肃灵坛。
松低羽盖，云挂仙冠。雾筵宵碧，霞帐晨丹。
户花冬桂，庭芳夏兰。代移神久，地古林残。
泉涌湍萦，泻砌分庭。非搅可浊，非澄自清。
地斜文直，涧曲流平。翻霞散锦，倒日澄明。
冰开一镜，风激千声。既瞻清洁，载想忠贞。
濯兹尘秽，莹此心灵。猗欤胜地，伟哉灵异。

……

李世民也不吝赞扬晋祠，庙、松、林、泉、亭，无一处不美，猗欤胜地，伟哉灵异。更让人赞叹的是，除了美，李世民还认为这胜地有品德，忠贞、惠仁、刚节、大度，山川河流神庙由此有了精神和灵魂。心里如此想，世界便如此外化。

李世民还让长孙无忌等随行的七位功臣，在碑阴来了个亲笔签名。

　　碑文太长，此处不再全文展示，有兴趣者可去查证。

　　李世民写的自是他的为政文，但他并不知后人如何对这块大石碑进行定位。

　　在这激情涌动的龙蛇舞动间创造了极大的附加价值的，是书法艺术。李世民生前极其喜欢王羲之的《兰亭序》，他想办法得到了真迹，死后还让《兰亭序》陪葬昭陵。《兰亭序》俊逸雄健的行书风格及对时间的感喟，引发了李世民的珍惜和崇拜之情，他命人临摹《兰亭序》，自己也把《兰亭序》中的一笔一画烂熟于心。这一点从碑文中的39个"之"就可以看出来。胸中涌动着唐叔虞的功业，眼前晃动着《兰亭序》的真迹，李世民从容自如、流畅自然地写出了属于自己特色的行书，那就是典雅舒朗、气度雍容、骨格清奇、笔力遒劲，结体、笔法、线条、墨色、章法、韵味，皆随心所欲，又尽在法度之中。

　　可以这么说，这极具王羲之风格和风骨的1203个字，将盛唐的文化、历史、艺术融为一体，与石头的生命一同永久地存在。后世誉"南有《兰亭序》，北有《晋祠铭》"。

　　"开创了我国行书上碑的先河"，一句话便可定位《晋祠之铭并序》在中国艺术史上的地位。

　　李世民也为此扬扬得意，把此铭做成拓片，每有外国人来，便相赠一番。

如今这碑这铭,就守在唐叔虞祠之侧,各自安好。此唐与彼唐的辉光在人的视线不及之处熠熠闪耀,只有通解了人与历史,才能看得见。

圣母殿与仕女像

五代十国末期,赵匡胤陈桥兵变,黄袍加身。这个赵氏宋朝在扫平北汉的路途中,遇上了晋阳城这块难啃的骨头。赵匡胤御驾亲征,面对此城依然吃尽苦头,咬牙切齿之余,想起唐叔虞之后的晋国,六卿专权,互相倾轧,兼并之下剩下四家,赵氏筑起晋阳城,智伯联合韩魏两家攻打赵氏,在晋水上做堰,引晋水灌晋阳城,城固未破(后来智伯堰成了晋阳城的供水设施,至今智伯渠还在晋祠内——编者注)。有先例在前,赵匡胤也决开晋水和汾河,水灌晋阳。不是历史如此相似,而是历史可以复制。

这一段并州城的惨痛历史,稍稍了解的人都知道。

赵匡胤战不能胜,退回开封,不久,烛影斧声,皇权易位,赵光义坐上龙位。太平兴国四年(979),赵光义御驾亲征北汉,再次苦战晋阳。艰难的破城之战打了三个月,北汉末代皇帝刘继元出城投降,北汉灭亡。另,就是在这次战争中,杨业随主降宋,为宋守了七年边防,山西和宋朝的历史中从此有了杨家将的故事。

在打胜了的赵光义看来,晋阳城依旧让人咬牙切齿。这个不招人喜欢的皇帝，火烧水淹晋阳城，从此那个璀璨了千年的金城汤池永远地沉没于历史的长河，徒留一片废墟，晋祠亦随之毁。

赵光义是个狠人，一举捣毁龙脉，这块土地再没出过帝王。

北宋太平兴国年间，赵光义又大规模重修晋祠。圣母殿在悬瓮山下建起来，彼时的圣母殿如何壮观，已不可追溯。又经过一百多年的修整，圣母殿逐渐完善，重檐歇山顶，灰色筒瓦覆盖，琉璃作雕饰。高19米，面阔7间，进深6间。门上悬挂宋代巨匾，上书"显灵昭济圣母"。两山和后檐建围廊，廊下宽敞，这四周围廊的大殿宇，一矗立就是近千年。重檐上的琉璃在太阳下泛出绿色的光泽，硕大的斗拱繁复如花，挑角飞檐如巨大的飞翼，诉说着烟火沧桑。只是一个殿角的剪影，便能在瞬间征服梁思成、林徽因这样的建筑学家。

就在北宋元祐二年（1087），工匠的巧手在木头的年轮上刻出了六条龙，之后在崇宁元年（1102）又增加了两条。庄重而神圣的龙们，热烈地蜿蜒地攀缘在廊柱上，在此长驻，亦近千年。这是中国最古老的木雕盘龙。

圣母殿自落成的那一刻起，便成为研究宋代建筑的重要范例。其以稳固美观的身姿撑起了中国建筑史中的宋代天空。

悬瓮山下的空间并不大，却安放了一座硕大的圣母殿，如果是寻常建筑，便会让人产生局促感，这里没有。

鱼沼飞梁，是和圣母殿同时建起来的，如今被誉为世界最早的水陆"立交桥"。

晋祠圣母殿

圣母殿内

古人早说，圆形为池，方形为沼，这里的水被框范于方形池潭内，水里多鱼，便为鱼沼，鱼沼上架起十字桥梁。桥下有三十四根八角石柱，柱上有斗拱。人站在十字桥上，仿若凌空张开羽翼，几欲乘风飞去。"鱼沼飞梁"之名因之而起。宋人咋如此聪明，以至于梁思成他们寻来，只能说一句："此式石柱桥，在古画中偶见，实物则仅此一孤例，洵为可贵。"

人们常常会问，晋祠不是唐叔虞祠吗？为什么唐叔虞祠不在中轴线上，反倒偏居一隅？各方史料也曾经给出过解释，中轴线上供奉的是唐叔虞的母亲邑姜，唐叔虞只能委屈自己移居偏殿。逻辑上貌似自洽，实际上依然让人满怀疑问，古代是个女权至上的社会吗？

也有人尝试解开这个疑问，据多位专家研究，圣母殿供奉的是刘娥，这位出现在著名戏曲《狸猫换太子》中的女人，祖籍太原，是宋真宗赵恒的皇后，赵光义的儿媳妇。把唐叔虞移出正殿的时间大约是宋真宗大中祥符四年（1011），那年有场自然灾害，晋阳守吏借此来了个偷梁换柱；当然也不排除他为了讨好当权者这样做。

支持这个说法的证据，还有金人台西南角的北宋时铸造的铁人，原来就立在正殿门口。金人身上有铭文，落款是刘植，为刘娥后人。

有专家进行推测，那时，人们还未忘记水淹火烧晋阳城的赵光义，并不肯真正祭拜赵光义的亲属，官员们只好谎称这是邑姜。等宋王朝成了过去的历史，人们便不再知道刘娥了。

人们当然愿意相信圣母殿供奉的是邑姜，不管她是不是刘娥的模样。邑姜是炎帝后代,她的丈夫周武王是黄帝后代,人们对邑姜有着血脉和心理上的双重认同,心随意动,那唐叔虞祠便偏居一隅吧。

郭沫若来过晋祠,写诗道:"圣母原来是邑姜,分封桐叶溯源长。隋槐周柏矜高古,宋殿唐碑竞炜煌。"

与圣母殿一同存在的还有金人。站立于金人台四隅的本是铁人。铁为金,人们也就称其为"金人台"了。铁人名为"铁太尉",宋代的这个特殊形制存世不多,且都不及这披甲胄、执武器、扬拳头,威风凛凛的铁人。四个铁人中,东南角的年代最久,铸造于北宋元祐四年(1089);西南角的铸造于北宋绍圣四年(1097);西北角的

金人台

晋祠 时光深处的美丽花园

金人台西南隅铁人

铸造于北宋绍圣五年（1098）。东北角的铁人是1913年补铸的。铁人们起到的是镇水、保佑家族、保护圣母殿的作用。

走进圣母殿，正中有神台，神台上有木雕神龛，神龛内的凤头椅上，端坐的便是圣母。蟒袍，凤冠，霞帔，璎珞，她安详地静坐。

除圣母像外，大殿内还有42尊塑像，除去5尊宦官像，4尊女官像，其余的33尊都是仕女像。人们惊叹塑像的逼真、宋代的气韵；惊叹塑像的独特。你看，圣母是雍容慈祥的，东起第二位宦官是若有所思的，唱戏仕女是把辛酸藏在内心的，所有塑像没有一个是相同的。

33尊仕女像造型生动，美眸流盼，表情各异，让人赞叹。垂目凝神、眉飞色舞、天真、幽怨、文静、欢快、高傲、谦卑、烦恼、嗔怨、忧伤、呆滞、圆润、瘦削、洒扫、饮宴……她们有负责厨房后勤的、有负责文书拟写的、有负责打扫卫生的，当然也有乐伎。站在她们面前，你仿佛可以和她们对话，甚至可以听到她们的笑声，听到她们的私语或叹息。每一个人在举手投足间，世态人情纤毫毕现。那种没自由还得小心度日的形象，被刻画得栩栩如生。她们被历史定格。

圣母殿内的塑像逼真地显示出北宋的宫廷场景，浓浓的生活气息跃然呈现。塑像突破了宋以前宗教造像的模式，工匠用现实主义的雕塑手法，以真实人物为原型，开创了雕塑艺术写实风格的先河。

那一年，梅兰芳来到此处，驻足仕女像前，沉默许久。梅先生最爱那尊舞女像。舞女手握绢巾，面呈45度角侧低，眉目清晰，衣纹流畅。眉宇间似羞若怨、似笑亦悲，传递出万千思绪，惹人怜惹

晋祠 时光深处的美丽花园

亦喜亦悲的仕女像

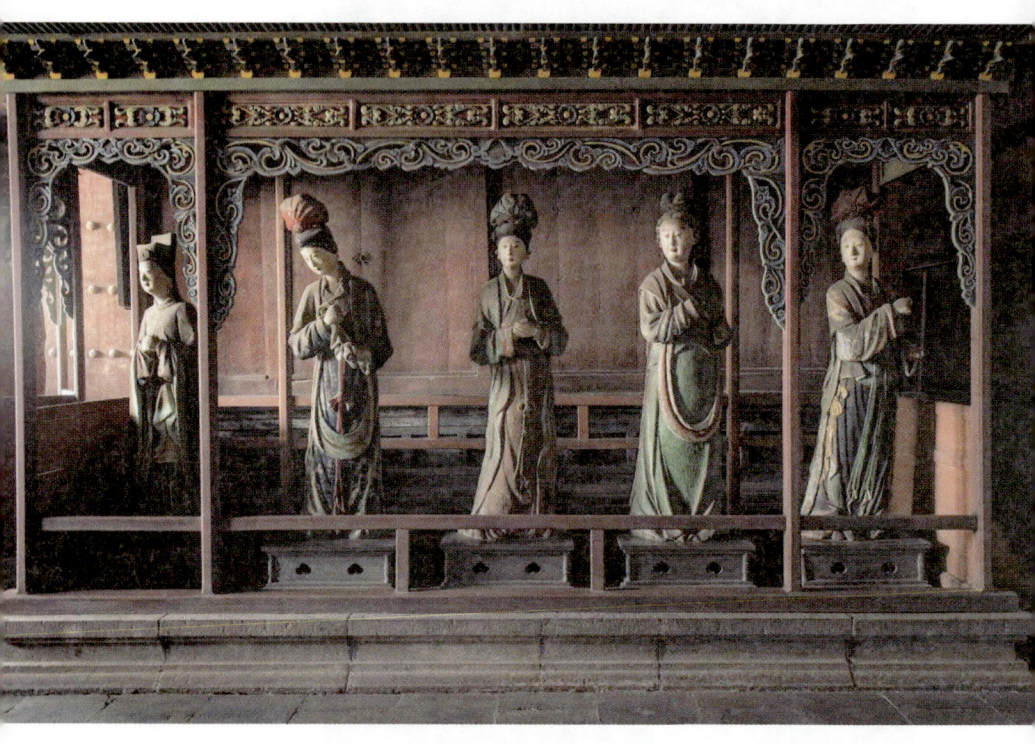

圣母殿内的仕女像

人哭也惹人笑。梅先生说她是神品，回到北京后，创排出《洛神赋》，身姿和面目都像极了这位仕女。

仕女群像以动人的姿态，进入了中国雕塑史、中国美术史，是北宋现实主义雕塑的杰作，被誉为中国式写实作品的巅峰之作。

凝视她们时，会忽发奇想，在广阔的时空内，龙会不会和仕女对话？毕竟彼此陪伴得太久。

王氏祠堂与王琼祠

中轴线之南，首先是台骀庙，再向南是公输子（鲁班）祠、水母楼、难老泉，难老泉再往南，便是王琼祠。

王琼，字德华，号晋溪，晋祠人。明成化二十年（1484）中进士。管理过漕运，平定过叛乱，稳定过边关，担任过户部、吏部、兵部尚书，历成化、弘治、正德、嘉靖四朝，是一位明中期的股肱之臣。

王琼曾于晋祠修建了一座别墅，名曰"晋溪园"，用以养老。晋溪园里，曾留下过他忧国忧民的叹息声；晋祠的山水间、殿堂里，也留下过他的足迹。他拜唐叔虞，拜《晋祠之铭并序》，眼看着众多建筑在山与树间一一建起。

水镜台、对越坊、会仙桥、钟鼓楼、台骀庙、水母楼、难老泉亭、白鹤亭、读书台，都是明代建起来的。还有一些建筑，如望川亭、唐叔虞祠、善利亭、难老亭、圣母殿、鱼沼飞梁都在明代进行了重建或修缮。有明一朝，晋祠的格局被奠定了。

王琼死后，他的长子将晋溪园改为晋溪书院，这是家族子弟讲文习武的场所。他的后人把王琼祠建在晋溪书院对面。祠前有两棵银杏树，传说为王琼亲手所植。他的灵守着他的树，他的灵和树一起守护着晋溪书院里的子乔祠。

子乔，就是周灵王的太子，本名姬晋，字子乔，人称太子晋，世称王子晋或王子乔，是王氏的始祖。时光进入近代，人们把子乔祠看成是王氏祖祠，天下熙熙，王姓之人从天南海北寻祖而来。如我这样的人，如良渚考古专家王宁远，到了晋祠，也要到子乔祠拜一拜。

晋溪书院

就在王琼亲手建起来的晋溪园里，周朝的王子乔安然静坐，目测八荒。都是王姓之人，这是一个多么庞大的队伍啊。

世人皆知王阳明，又有多少人知道，王琼极其赏识王阳明？又有谁知，王阳明的祖先是王导，王导是王羲之的堂伯父，王阳明和王羲之是有联系的，王导是琅琊王氏，琅琊王氏出自周灵王太子晋。我曾戏说，晋祠有天下王氏宗祠，那么名闻天下的王阳明应该来晋祠寻找祖先。

世人所知寥寥，肉眼凡胎所见，永远是这个世界的一个侧面。圣母殿的八条龙，却在一日又一日的满目云烟中，看到了一切。

三绝、三宝、三大名匾及其他

龙目注视过的人，其实都在啊，从来没有离开过晋祠。他们把痕迹留在晋祠时，也把心魂留在了晋祠……

你看：

唐太宗李世民书写《晋祠之铭并序》的激情仍在。

清康熙年间杨廷翰正在水镜台上书写"三晋名泉"匾。这"三晋"是我们脚下的大地，"名泉"自是晋水。杨廷翰，这位八岁就能应对闯王大军的晋祠人，三十岁中武举后，却没再求升迁，而是把一生都奉献给了家乡。

杨二酉二十八岁中进士，离开家乡，入翰林院任编修，这位活跃在乾隆年间的言官，是因字写得好而被乾隆看中的。怪不得"水镜台"三个字看起来这样带劲，如木似竹，自带几分潇洒。这人耿介自守，不愿与人同流合污，四十多岁被迫返回故乡。他回来后就投入研究和保护晋祠的工作中，很有成果。

杨廷翰与杨二酉两代晋祠人书写过匾额的水镜台，是在明万历年间修建起来的。

站在水镜台上，水袖轻扬，满目风霜，低唱浅吟，面对的正是圣母殿，每一个表情和喜怒哀乐都是酬神的，自不敢怠慢。水镜台集楼、台、殿、阁四种建筑于一体，前部为单檐卷棚顶，后部是重檐歇山顶，四周有走廊，这承袭宋元之际木楼规制的建筑，无一处不精致，垂花柱、雀替、阑额，雕梁画栋。《汉书》有"清水明镜，

"水镜台"匾额

不可以形逃","水镜台"即出此句。忠奸是非,自有明镜察知,戏台上的春秋,就是世界的映显。

对越坊是明万历四年(1576)建起来的,"对越"一词出自《诗经·周颂》:"济济多士,秉文之德。对越在天,骏奔走在庙。""对"是报答,"越"是宣扬,意思就是报答宣扬祖先的高尚功德。这倒是晋人该做之事。

书写"对越"两字的是万历年间的举人高应元。高举人从小博览群书,聪慧过人,酷爱书法的他师古不泥古,把行草写出了自己的风度和高度。母亲生病,他心系母爱,便出资建对越坊祈神。精致玲珑、层层斗拱结成花的那天,他用奇逸飞动之笔,聚雷雨骤至之气,沉怪石老树之心,走鱼龙争飞之神,写下了"对越"二字。

"对越"匾额

傅山先生隐居于晋祠,那年已是顺治坐稳皇位后的1659年。彼时,江南反清似有一丝转机又转瞬破灭,他扫兴地回到太原,一头扎进晋祠的云陶洞里,吟诗作画,潜心著述。云陶洞在哪呢?到了晋祠还得仔细寻找。圣母殿往北是苗裔堂(宋代初建,明正德年间重修),苗裔堂旁就是周柏,饶过周柏是道家福地朝阳洞,朝阳洞之北就是云陶洞。

晋祠的水、山、景以及气场,抚慰了傅山和顾炎武、阎若璩、阎尔梅、朱彝尊等学者的心。他们在亭榭间品茶论政,颇有几分故园忧思。傅山把心思留在了笔墨间:

他书"云陶"二字于云陶洞的一块怪石上,高古奇迈;为周柏题词"晋源之柏第一章",高逸出世;文昌宫墙壁上的《文昌帝君阴骘文》珠圆玉润。景宜园、同庆亭,都有他的墨迹。

更重要的是,傅山先生书写下的"难老"二字,因练达通脱、超然物外,而被人们誉为除"水镜台""对越"外的晋祠三大名匾之一。

晋祠除了三大匾,还有三绝——周柏、宋代仕女像以及难老泉。

周柏、仕女像前面已介绍,此处只说难老泉。难老泉是晋祠精华所在,八角攒尖顶的亭子下,傅山所题的难老匾,闪着金色的光。亭前泉水清清,滴答出《诗经·鲁颂》中"永锡难老"之意。难老泉水啊,终年碧波如玉。李白就曾写诗赞之"晋祠流水如碧玉",范仲淹写过"神哉叔虞庙,地胜出嘉泉。一源甚澄静,数步忽潺湲",元好问也写"惠远祠前晋溪水,翠叶银花清见底"。由此可见难老泉

晋祠 时光深处的美丽花园

"难老"匾额

039

碧水清清，泉亭树互为映照的美景特别动人。

晋祠除三匾、三绝之外，还有三大国宝，那便是鱼沼飞梁、圣母殿，还有差点被我忘记的献殿。我们生来就有缺点，看见西瓜忽略芝麻，我便不自我检讨了。谁让献殿是金代建筑呢，比起那两个国宝，出现时间晚了一点。

晋阳城被毁，新太原城在唐明镇建起。之后，宋钦宗下诏将太原交于金人。圣母殿建起一百多年后，在金大定年间，没有使用一根钉子，完全由榫卯结构修建的献殿诞生了。这座殿堂，宽敞亦明亮，庄重又肃穆。祭品放置其中不会腐坏。风从窗棂间吹来又吹去，

献殿

人们说那是天然的冰箱。

晋祠的三大国宝建筑，或矗立，或凝结，或飞翔，都在龙们的眼皮底下，它们互相陪伴，走过长长的岁月。

元灭了金，明替代了元，王琼和他同时代的文人雅士在晋祠书写春秋，龙飞凤舞之作，提升着晋祠的文化品格。清代，晋祠的文人们依然把活动印迹留在这里。

那八条龙俯瞰着一切，朝代更替于龙们看来，不过是烟花一瞬，而活着的人们总是忘记烟花易冷。

那一幅山水人文长卷

古人选址有一套风水理念，要求建筑与地形、地貌、方位等协调一致，说白了，就是天人合一。晋祠在山环水抱之中，即使后起的建筑，也基本围绕最早的唐叔虞祠，即今天的圣母殿扩建，星星点点，不破坏风水，只是点缀修饰。

这样充分利用环境，因地制宜，灵活修建起来的群体建筑，让今天的我们看来，显得主次分明、中轴对称，既有恢宏气势，也有曲径通幽的小意趣。景融入山水中，山水也成为景，山水之境得到充分利用。晋祠不愧是集自然之美、生态之美、人文之美、艺术之美、历史之宏、园林之趣于一体的绝佳胜地。

当然，晋祠也是融儒释道三教为一体的建筑群体。中国人慎终追远,唐叔虞成为晋人追思的源头。祭祀圣母是中华母亲文化的弘扬。还有昊天神祠、朝阳洞等道教建筑,奉圣寺等佛教建筑,安放的是普通人的世俗祈求。

古人作画,常为长卷。若把晋祠绘成长卷,便可见从北向南的亭台楼榭、宫殿庙堂、小桥流水,当然也有游人如织。行走,一步一步。走过中轴线之北,唐叔虞祠、昊天神祠、文昌宫、钧天乐台、唐碑亭、景宜园、待凤轩,点缀其间。树木茂密,绿荫掩映着红墙脊兽。人在景中走,宛如画中游。

一步一步,走过中轴线,水镜台、会仙桥、智伯渠、金人台、对越坊、献殿、鱼沼飞梁、圣母殿,水镜台上的演戏之人与圣母殿的神,相隔着小桥流水、金人、钟鼓、牌坊对望。还有那条智伯渠,让人想起赵匡胤和赵光义兄弟复制过的水淹城池的故事。渠上曾有精巧木桥,明朝的罗洪先与仙女在桥上相会,出言不逊惹怒仙女,这仙女也是个暴脾气,烧木桥,拂袖而去,后来便有了石桥。这极具文化和历史意义的渠,如龙蜿蜒。

在这里,不能忽略的是,水流萦绕在建筑间,听得见水流声,鱼沼的鱼仿佛都在说话。怪不得,有人说,晋祠的建筑都是漂在水上的。看水听水,走走停停,长卷在前面打开,后面却又收起。

恍然明白,只有一步一步地走,这画才能徐徐展开,才能进入你的心里和脑中。你站在任何一个地方,都不能窥得晋祠的全部。

鱼沼飞梁

微愠间，中轴线之南也一一铺开，难老亭、水母楼、不系舟、三圣祠、子乔祠、晋溪书院、舍利生生塔、奉圣寺，有祠有亭有树有花。

你能想到吗？这里还有一个小西湖呢，水与树占了很大一部分，那些砖石建筑反倒不显眼了。奉圣寺旁边的浮屠院里，有高高的舍利生生塔，站在这里回首，已看不到长卷之初的风情，所有的回味只能在心里。这是所有修建晋祠和补葺宝塔之人，留给后世的生生不息的文化。

这种长卷式的布局，是独属于中国的文化。这长卷，本身也如龙一般飞扬，奥妙无穷。

从舍利生生塔东行便到达晋祠的出口了，站在这里向历史深处回望，一个个恢宏的时代，通过殿宇、石碑、古刹涌过来。

出得门去，便是掩上了历史长卷。我们带走的是不尽的遐思、感叹和豪情。

晋祠，无疑是一座古典祠庙园林建筑群，殿、堂、阁、榭、楼、台、亭、桥，样样齐全；从西周到唐宋到现代，建筑齐全，本于自然，高于自然。晋祠，是皇家祭祀园林之典范，背后有波澜壮阔的历史和源远流长的文化。

若不来晋祠，你将会错过一次与文化和历史对话的机会。

也是在此刻，我才得知，这世上有两个晋祠。我们的晋祠，竟然有一个孪生兄弟,在邯郸峰峰山脚下,那里也祭祀着唐叔虞和圣母,那里也有晋祠泉。两祠从规模上看,虽不可同日而语,但以太行八陉之一的滏口陉为纽带连接起来的两地,一定有着某种地缘意义,这或许可以回答晋都、晋水的来源问题。

　　离开很久,依然有龙旋之势在眼前出现,那应是中国人的天行健之气韵和气势,积极向上。守大道知进退,能上九天,能潜深渊,无所畏惧。

悬空寺

石壁何年结梵宫

— 边云芳

西崖之半,层楼高悬,曲榭斜倚,望之如蜃吐重台者,悬空寺也。五台北壑,亦有悬空寺,拟此未能具体。仰之神飞,鼓勇独登。入则楼阁高下,槛路屈曲,崖既蠹削,为天下巨观。

——明代地理学家徐霞客《游恒山记》

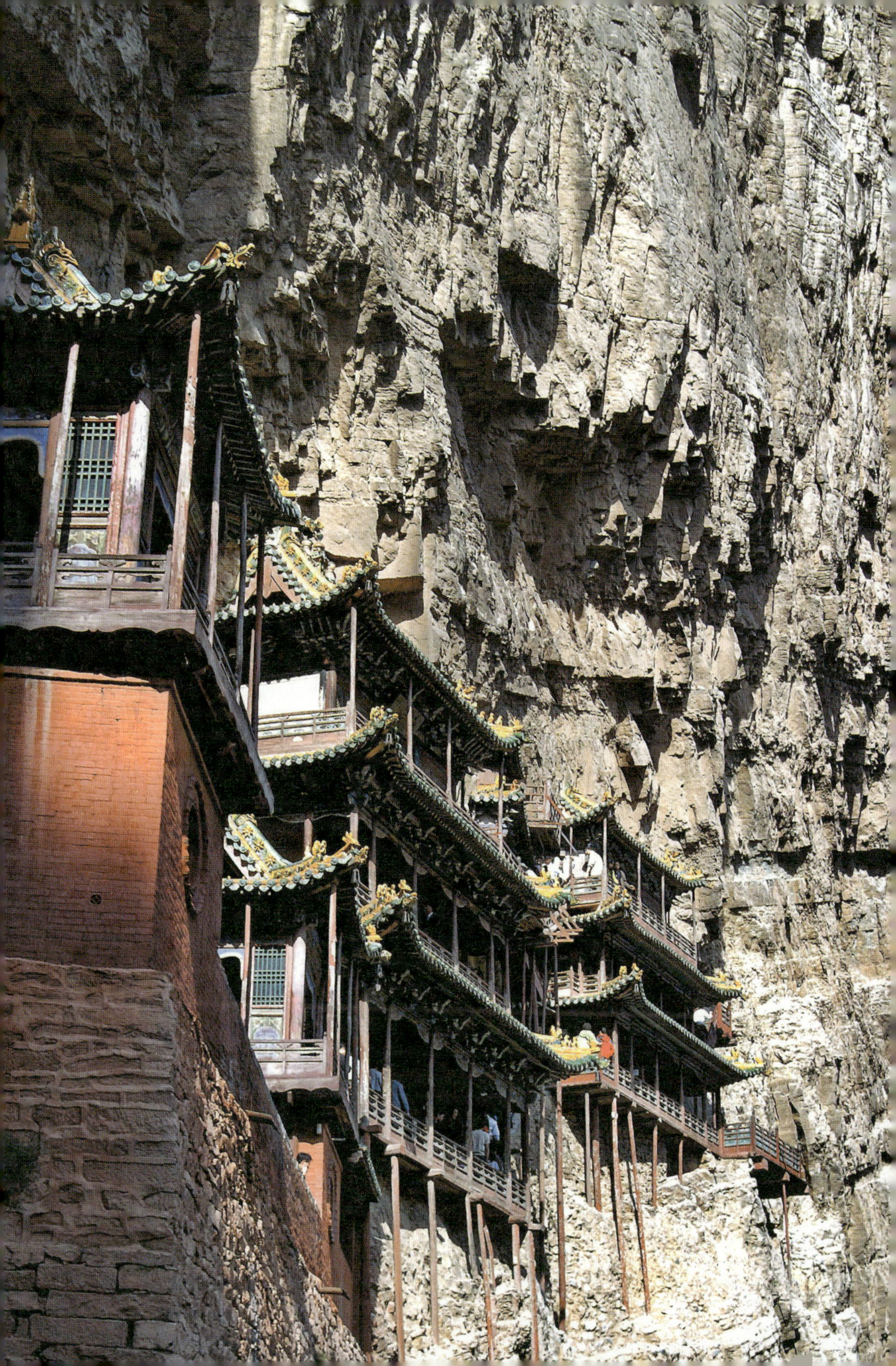

当匈奴在与汉武帝的征战中西迁和南移之后，鲜卑族拓跋氏来到匈奴故地，强势与匈奴余部联盟，战胜其他部落，称雄北方，建立王朝，于公元4世纪后期定都平城（今山西大同）。国号为"魏"，史称"北魏"。从公元5世纪后期开始，由冯太后到孝文帝拓跋宏，开始实行一系列的改革措施。吞吐万里、兼纳远近、熔铸一体、互相化育的北魏气象出现了。

北魏孝文帝太和年间，在恒山山脉的悬崖绝壁上，一座后来被称为"天下奇观""东方瑰宝""崖壁绝作""北岳明珠"的空中寺庙开始建造。空中寺庙浮雕般的绝美轮廓彰显了北魏文化气质，一直到今天，依旧焕发着浩荡绵长的生命力。

这就是悬空寺。

北岳恒山有大美

奇峰耸峙,万壑叠翠,巍峨险峻,雄伟壮观……当我们身临恒山,会被这似苍鹰像雄狮的大山所震撼折服。其春之烟雨朦胧、夏之浓荫遮天、秋之叠彩流翠、冬之白玉晶莹,都令人驻足流连。唐代诗人贾岛诗云:"天地有五岳,恒岳居其北。岩峦叠万重,诡怪浩难测。"在辽阔的中国版图中,恒山矗立在山西北部,属五岳中的北岳,它的壮美险峻深藏在每一个登临者的眼前、心中和笔底。

恒山东西绵延五百余里,东跨太行山,西衔雁门关,南障三晋,北瞰云代,莽莽苍苍,横亘塞上。内外长城蜿蜒其身,雄踞一方,势如龙腾虎跃。古往今来,恒山被誉为"绝塞名山""人天北柱"。

恒山,《尚书》称为宏山,《禹贡》称为恒山,《尔雅》则叫北岳。恒山的名称和别名有十多种。据清乾隆重镌本《恒山志》记载,历史上,恒山先后称过常山、恒岳、镇岳、元岳、阴岳、紫岳、太恒山。别名则有兰台府、列女宫、华阳台、紫微宫、太乙宫。

恒山是兵家必争之地。春秋时,赵襄子把恒山的战略位置看得很重;战国时,纵横家张仪曾对楚王说:秦地已经有半个天下,如果再席卷恒山,那么得天下就很容易了。恒山成为帝王们争夺天下的古战场。据统计,历史上发生在这里的战争达千次左右,曾有十三位皇帝亲率大军在此征战。许多著名的军事将领,如战国的李牧、北宋的杨业父子等都曾在恒山一带浴血沙场。恒山的战事,大都是

在中国历史的动乱和分裂时期发生的，争战的结果，大都促进了国家统一。恒山山势雄峻，关隘险要，实为黄河以北地区的天然屏障，进可攻，退可守，因而古人认为据恒山之险，可"折天下之脊"。

恒山是古祭祀之地。《尚书》记载："五月，南巡守，至于南岳，如岱礼。八月，西巡守，至于西岳，如初。十有一月朔巡守，至于北岳，如西礼。"意思是舜帝五月在南方巡行视察，到了衡山，像祭祀泰山一样祭祀衡山。八月到西方巡行视察，到了华山，也像祭祀泰山一样祭祀华山。十一月初一，在北方巡行视察，到了恒山，像祭祀华山一样祭祀恒山。

四千多年前，古代圣贤舜帝巡守四方，北上至恒山，看到这里山势险峻，奇峰壁立，宏伟壮观，遂叩封恒山为北岳。此时的北岳，系指黄河中下游的大部分地区和东北地区。封恒山为北岳，实际上恒山就是北方万山的宗山。

秦始皇时，曾封天下十二座名山，并举行封禅仪式，恒山也在

远眺悬空寺，空中奇迹

其中。所谓封禅，是封建帝王的一种礼仪。选一座山，在山上筑坛祭天，谓之封；在山下扫除祭地，谓之禅。历代帝王之所以要按照地理方位选山封禅，主要目的是昭告天下，自己是"受命于天"的，以此来巩固统治地位。

第一次将恒山封为神的是崇道好神的汉武帝。天汉三年（前98），刘彻亲临恒山进行祭祀，在飞石窟举行了"瘗元玉"的典礼。而将恒山确定为五岳之一的是汉宣帝刘询。他正式确定泰山为东岳，衡山为南岳，华山为西岳，恒山为北岳，嵩山为中岳。此后唐玄宗封五岳为王，宋真宗封五岳为帝，明太祖封五岳为神。北岳恒山成为集帝王和神为一体的山岳之圣，北方万山之宗。

恒山是中国著名的道教圣地，供奉的是北岳大帝、玉皇大帝。昌容食蓬藟，于吉获天书。相传昌容、于吉均在恒山修道。东汉明帝时，参加佛道斗法的著名道士裴文杜就是恒山道士，北魏道教改革派寇谦之的徒弟李皎也是恒山道士。道士三茅真君、张果老、管革在此修行。道教经典《云笈七签》，称这里是第五小洞天。

恒山是佛家僧团较早弘扬佛法之地。东晋著名高僧道安曾在动乱时来到浑源龙山避难，并"于太行恒山创立寺塔，改服从化者，中分河北"。

恒山现存佛、道、儒及祭祀庙宇殿阁三十多座（处）。崇山峻岭处，只见琼楼仙阁巍巍然；殿宇寺庙间，释道儒交融。惊心动魄的战事烟云，波澜壮阔的漫长历史，在这里留下了迷人的千古遗迹，也让恒山充满了浓郁的人文色彩。

恒山主峰分东西两峰。东为天峰岭，位于浑源县城南四千米处。和天峰岭隔峪相对的西峰为翠屏峰，因山似绿色屏风，故名。两峰之间是一道断层峡谷，古称磁窑峡，又名金龙峡。峡谷两岸，壁立万仞，青天一线，似龙门剑阁之险要。恒山的古建筑大部分集中在这两峰一峡之间：有修建于明弘治十四年（1501）的琉璃盖顶的恒宗殿，有始建于北魏太延元年（435）的北岳"寝宫"，有古朴典雅、形如弯月的会仙府，有纯阳宫，有九天宫，等等。当然，最著名的建筑便是巧夺天工的悬空寺。

深厚的文化底蕴和历史积淀，使恒山闪耀着恒久的人文魅力。其中摩崖石刻最为引人瞩目。初登恒山，映入眼帘的便是山体上硕大的"恒宗"二字，雄浑遒劲，这是明成化年间中顺大夫大同府知府汤阴张升的手笔。还有明代官员王献臣的行书"千崖竞秀""万壑争流"，雁门使者郑洛题写的"耸丹流翠"以及"路接天衢""绝地

悬空寺　石壁何年结梵宫

恒山"恒宗"石刻

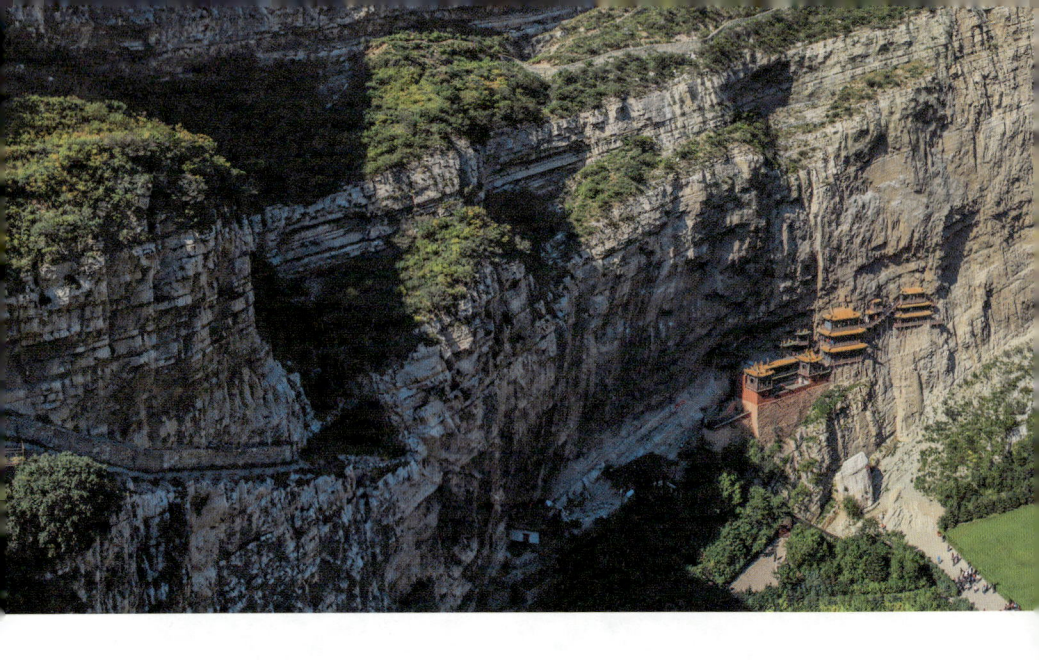

通天""不在人间"等。最为有名的则是悬空寺近旁据说为李白所书的"壮观"二字，鲜红耀眼，在阳光下熠熠生辉。这些摩崖石刻书道精湛，墨韵悠悠，意蕴深邃，仿佛神来之笔，嵌入壁崖。它们显示着书法的张力和文脉的绵长。高山的硬朗和文字的柔和，相得益彰、交相辉映，让恒山更具风采和神韵。

恒山，这座历史文化名山，傲然屹立于天地之间，展示着雄壮奇绝之大美。

巧夺天工的悬空寺

纵观依恒山悬崖峭壁开凿或建筑的古建筑，基本都呈现出"悬、

悬空古寺，双峰对峙

　　奇、险、隐"的风格特点，其中技艺登峰造极的悬空寺更是引得无数人前往观其美、品其味、探其秘、解其意。

　　进入恒山双峰对峙的幽谷后，便可望见镶嵌在金龙峡西侧、翠屏峰东壁悬崖绝壁间的悬空寺。从谷底仰望，悬空寺就如挂在崖上的一幅古画，又像矗立在空中的金字塔，还像雄鹰正在展翅翱翔。错落有致的三层朱红古建筑，楼阁空悬，面对天峰岭，背倚翠屏峰，上载危岩，下临深谷，惊险奇峻。其结构之奇巧，造型之美妙，处境之险要，让人惊叹不已，赞不绝口。悬空寺是罕见的空中建筑，如浮雕般镶嵌在悬崖峭壁上，被公认为是中国古代建筑艺术的杰作，建成距今已有一千五百多年的历史，历代均予以重修，现存建筑经过明清两代修缮。

055

悬空寺原名玄空寺,又名崇虚寺,是佛、道、儒三教合一的独特寺庙。整个寺院坐西朝东,南北向依岩石而建,与崖壁呈90°垂直状。全寺建筑面积152.5平方米,呈现出"一院两楼"的布局。殿宇楼阁有40多间。有塑像的殿阁有18座,其中佛教殿12座(处),道教殿5座,三教合一殿1座,供奉着铁铸、铜铸、脱纱、泥塑、木刻、石雕神像、佛像78尊。

寺院的背崖处是二层楼殿,下层是禅房和念经的佛堂。佛堂正中有高约一米的木雕观音龛,莲花围坐,飞龙盘顶,观音像慈善而祥和。上层是主殿三佛殿、太乙殿和关帝殿。三佛殿内的脱纱三世佛像和明代铁铸韦驮像,为寺内塑像之珍品。殿内塑像神态安详,彩绘精美细巧,体现出唐代饱满的风格,神韵悠然。

寺院北面的悬崖绝壁上,悬挂着两座宏伟的三层九脊悬空飞楼。楼体大部悬空,支撑的木柱仅有碗口粗细。两楼南北高低对峙,呈现错落之美。中间断岩数丈,以只有两米宽的飞架栈道相连,这是悬空寺最为惊险之处,也是最为神奇之处。游人走在上面,如履薄冰,战战兢兢,双目下视,胆战心惊。

徐霞客在《游恒山记》中写道:"西崖之半,层楼高悬,曲榭斜倚,望之如蜃吐重台者,悬空寺也。"悬空寺的神奇,让这位大旅行家叹为观止,将之比喻为"蜃"(大蛤蜊)吐气而成的楼台。

悬空飞楼,似蜃楼幻景,若隐若现于云间;又像积木垒就,对称中有变化,分散中有连接。栈道上,古人刻有"公输天巧"四字,

悬空飞楼

悬空寺果真如同鲁班修建的一般，匠心独运。清同治年间重修悬空寺，碑记云："不知者以为神为之也。"

南楼的主要殿堂有纯阳殿、三宫殿和雷音殿。北楼三层分别建有五佛殿、三圣殿和三教殿。最为特殊的耐人寻味的是最高层的三教殿——佛祖释迦牟尼坐在正中，道教老子居佛右，儒家孔子居佛左。佛、道、儒三位鼻祖同居一室，这在全国各地的寺庙中都属罕见。他们均端庄肃穆，和蔼慈祥。真乃庙小世界大，兼收蓄广。

站在高悬的曲廊上，久久沉思凝望。仰望耸入云霄的恒山，它是那样巍峨，遍布天然美景；悬空寺又是这样纤巧，巧夺天工；恒山松是那样刚毅挺拔，直插云天；三教殿内，又是如此宁静和谐，宽宏博大。原来，万事万物自有秩序，张弛有节，冷暖有度。

楼阁不语，风铃清脆，松涛阵阵，白云悠悠。

在一次次惊喟悬空寺这人间奇迹之时，心中不禁产生缕缕疑问：十几根碗口粗的木柱是如何支撑起整座寺院的？当年为何要在悬崖峭壁上开凿寺院？悬空寺又是怎样高悬于峭壁一侧的？

那就让我们把目光再次聚焦悬空寺。

世人一般用"奇、险、巧"三个字来形容悬空寺的建筑。

奇，是指悬空寺在选址时考虑了地理、气候的影响。它所处的翠屏峰，奇峰呈突兀直立状，但崖壁略呈弧形，整个寺院就峭立于弧形的凹崖之中。近乎垂直的凹崖，深10米，长约40至50米。这样，冬季西北风侵袭减弱，夏季雨淋较少，即使滴落在寺庙屋顶的雨水也会顺着前檐流入下面的深谷。

险，是指这座空中楼阁在出檐处竖起一排木柱，远远望去，偌大的建筑似乎只是凭木柱而立，给人一种险中见悬、悬中生忧、忧中思危的感觉。走在悬空寺中，木柱晃晃悠悠，令人不由得眼晕心颤。而事实却是，那些木柱，有的着力，有的则是"形同虚设"。这些木柱可以随着重力的变化，或不吃力，来回晃动；或吃力，肩负起"千斤顶"的作用。也就是说，游人一旦增多，负荷加大，栈道下面的木柱便会因受压而稳固不动，而栈道上无人或人少时，下面的木柱竟能脱离石基而摇晃起来。这就是明柱和暗柱的巧妙安排。所以，当地有民谣"悬空寺，半天高，三根马尾空中吊"，又道"悬空寺的柱子是假的，用手一推，可以来回摆动"。这一唱一道，便将悬空寺修建千年悬而不倒的全部奥秘告诉我们了。

巧，是指建造者们用天窗、石窟、栈道等把高低不一的建筑物巧妙地连接起来。在极为有限的空间内，有山门、钟鼓楼、过殿、大殿、耳殿、经阁……悬空寺完全具备寺院应有的形制和规模。

那么，北魏为什么要在金龙峡的悬崖峭壁间建造这么一座寺院？古籍中没有翔实的记载。查阅相关资料，有以下几种分析：

第一种说法是为了治水。金龙峡古时又叫磁窑峡，峡中河流又称唐峪河，为浑河源头之一。雨季一来，恒山大大小小沟峪里的洪水便汇集于金龙峡，直泄浑源城。洪水泛滥，对当地百姓的危害极大。相传，有一高人游访此地，说这里山洪为害，乃金龙作怪，只

夕照中的飞檐

"三根马尾空中吊"的奇绝建筑

要在峡谷半山腰建一座空中寺刹，将金龙制服，就能治水。于是，人们便建起了悬空寺。当然，这是传说，但传说真实地反映出当地的气候、地理等状况。

第二种说法是为了歇息或求神拜佛。北魏时期的达官贵人和僧人经常到五台山朝拜，金龙峡是通往五台山的要道，在这里建造一座寺庙，可以让他们中途歇息或求神拜佛。由于峡谷有水，故寺庙建在山壁之腰。

第三种说法，北魏史学者力高才、高平在《移道坛修筑悬空寺考》一文中指出：北魏孝文帝拓跋宏把修筑在平城的道坛南移至恒山，道徒们依据寇谦之当年"上延霄客，下绝嚣浮"的设想和要求，提出了以山崖为依托，把寺院建在悬崖峭壁间的建议，于是寺院的选址就定在了山腰上。

还有一个因素，也是探究悬空寺选址和建造的一个线索。中华民族在神州大地上，经过反复研究和实践，形成了一套风水学，其中包含天文、地理、环境、规划、园林、伦理、预测、美学和哲学等知识。在建筑物的择址上也能够体现出风水学。悬空寺背靠翠屏峰，面对天峰岭，下有唐峪河水，上是一片蓝天，坐西朝东，群山环抱，取朝拜拱卫恒山主庙之势，与风水的讲究也有某种联系。

那么，在当时极为有限的条件下，悬空寺又是如何建造的呢？这也是一个难解的谜。我看到的解释是："古人依据力学原理，半插飞梁为基，巧借岩石暗托，梁柱上下一体，形成了以悬臂木梁承托

061

木构架的悬挑结构。"我们的古人太了不起了。

其实，不论所采何种方式，在没有起重吊装等现代化设备的年代，能完成如此神工，实在不可思议。悬空寺大胆的悬空构架、奇妙的建筑艺术，是建筑力学的巧妙呈现。

"三教合一"的文化现象

悬空寺显现出鲜明的"三教合一"的文化现象。

佛教自东汉末传入中国，与华夏文化几经碰撞、磨合，终于找到了最佳结合点，即儒释道谛义相通，殊途同归。"三教合一"的现象产生了。

悬空寺虽然名"寺"，实际上不是纯粹的寺庙。悬空寺原称"玄空寺"。"玄"与"悬"读音相同，意义不同。"悬"，高而陡；"玄"，悠远、虚妄，且虚玄是道教祖师老子的哲学思想。因此，悬空寺又名"崇虚寺"，"空"则意指佛教。仅仅一个寺名，就含义深远。

在悬空寺的三教殿中，释迦牟尼、老子、孔子并列而坐，同享人间香火，这是一种奇观，也是一种引发研究者广泛关注的有趣的文化现象。从三教的历史看，东汉末年，道教创立，佛教传入，儒家的"独尊"地位受到一定的冲击。随之，三教开始了摩擦和斗争，也开始了学习和融合。在漫长的岁月中，儒释道三家终于得以并称，直到近代。可以说，中国的传统文化是以儒为本的儒道佛"杂糅"文化。

唐代是分水岭，唐代以前三教相争为多，以后相融为重。唐太宗李世民认识到儒学治国的重要性，同时也看到佛、道在思想统治中的必要性，因此，他运用平衡术，内用儒术，外用佛道，又将老子奉为远祖，尊太上老君。唐王朝大力推行三教并行，至宋代，"三教合一"的局面基本形成，"以佛治心、以道治身、以儒治世"的说法出现了。"三教合一"真正形成于金代。这之前，主要是帝王、名流或高僧大德调和矛盾，积极倡导三教合一，到了金代，则以组织形式加以贯彻执行。

金世宗大定七年（1167），道士王重阳在山东首创全真道，也称全真教，并以"三教归一"的旗号自居，主张三教合一，称三教合流。儒家的进取，道家的超脱，禅宗的圆通，受到了人们的接受和敬奉。这也体现了中华文化多元化的特征。

那么，体现在悬空寺的"三教合一"现象是如何形成的呢？

悬空寺内有一通金大定十八年（1178）的方形石碑，碑文约千字。前一部分是佛教的"宗从之图"，后一部分是"三教之图"。这通石碑说明，在金代悬空寺已集三教于一寺，体现了当时人们"三教合一"的文化观念。

三教殿中，正中端坐的是佛教师尊释迦牟尼，道教创始人老子居右，儒教领袖孔子居左。佛祖以慈悲为怀，平和端然，似在播撒佛天花雨；老子洒脱不羁，一副"处无为之事""行不言之教"的气度，仿佛在告诫人们一切顺乎自然吧；孔老夫子，注重入世，劝人修身、治国、平天下，表情有点严肃，流露出先天下之忧而忧的圣人情怀。三教合流，以儒为本，是中国文化的特点。但在此，佛居中，则反映了百姓的价值取向。在民间，崇尚佛教的意识占主导地位。从另一个角度看，也体现了中国文化宽容博大的精神。

在悬空寺，来者可以各敬其尊，各拜其主，各尽其意。殿内殿外气氛祥和，喜滋滋乐融融。中国传统文化倡导的"和为贵"思想得以充分体现。

1992年6月，杨振宁教授来山西参加"国际量子物理前沿课题研讨会"，其间，曾专程到悬空寺参观游览。陪同游览的人员里有恒

"三教合一"的庙宇

山研究专家李跃山,据李跃山回忆:在6月15日这一天,杨振宁教授在钻天窗、跨飞栈、攀旋梯后,发出了这样的赞叹:"我们国家有这么好的文物,这是世界上绝无仅有的。""中华民族是个优秀的民族,了不起。"杨振宁教授对佛教文化十分感兴趣,对"三教合一"的文化,尤为赞赏。在三教殿前,他拜毕后说道:"宗教团结,体现了我们中华民族和为贵的伟大思想,反映了传统文化兼容并蓄的意蕴。"

温柔敦厚、载道言志的儒家,逍遥自由、感知天籁的道家,拈花一笑、妙悟真如的佛家,三种完全不同的审美境界在中华文化中共融共生,世界大同。

歌德有一句话:人类凭着自己的聪明划出了一道道界限,最后又凭着爱,把它们全部推倒。

此时,我们似乎明白了,北魏孝文帝拓跋宏通过改革,推倒了人为界限。他没有分裂鲜卑族的游牧文化和汉族的农耕文化,而是进行融合。对于早在汉代就出现的儒、释、道三教,北魏王朝给予的是容纳和尊重,奠定了悬空寺"三教合一"现象产生的基础。北魏定都平城后,开凿云冈石窟,建造悬空寺;迁都洛阳后,开凿龙门石窟。云冈石窟、悬空寺、龙门石窟,交相辉映,彼此守望。彼时的北魏,呈现出的是开拓、自由、包容的气象,鞭鸣蹄飞,蓬勃煊赫。

李白是否来过悬空寺

恒山是历史文化名山，悬空寺是天下古刹名寺。历代文人骚客慕名而来，或吟诗作赋，或挥毫泼墨，留下了无数诗词、楹联、碑刻等作品，使得晋北这方古老而神奇的土地充满人文气息。

东汉史学家班彪在《冀州赋》中曰："望常山之峨峨，登北岳而高游。"常山，就是恒山。西晋程咸的"奕奕恒山，作镇冀方。伊赵建国，在岳之阳"，被认为是最早的咏恒山的四言古诗。

金元时期的诗人元好问写过一首《登恒山》："大茂维岳古帝孙，太朴未散真巧存。乾坤自有灵境在，地位岂合他山尊！中原旌旗白日暗，上界楼观苍烟屯。谁能借我两黄鹄，长袖一拂玄都门。"大茂，是恒山的别名。这首诗描写了恒山的尊崇地位，表达了自己面对乱世想要拂袖而去遁入道家的情感，实际上诗人是在借登恒山抒发忧国忧民的思想。

明代万历年间，大同巡按吴礼嘉有一首《题悬空寺》："飞阁丹崖上，白云几度封？萝悬千涧月，风落半空钟。树杪流清梵，檐前宿老龙。慧光千万丈，日夕满恒宗。"明代进士郑洛在任大同巡抚时，作《早过悬空寺》："石壁何年结梵宫，悬崖细路小溪通。山川缭绕苍冥外，殿宇参差碧落中。残月淡烟窥色相，疏风幽籁动禅空。停车欲向山僧问，安得山僧是远公！"这两首诗都描写了悬崖飞阁、白云封寺、梵音清远、空谷幽禅的悬空寺胜景。诗中既有道又有佛，释道交融，文韵轻扬，给后人留下了悠长的回味。

铺垫了这么多，大诗人李白应该出场了。

"一生好入名山游"的浪漫主义诗人李白，二十五岁时抱着"仗剑去国，辞亲远游"的"四方之志"，从蜀地出三峡，遍游天下，为名山大川写下大量的不朽佳作。据说，他到黄鹤楼时却是有感无诗，曰："眼前有景道不得，崔颢题诗在上头。"搁笔而去。

那么，他来到悬空寺后又有怎样的表现呢？传说他先在琴棋台上与老方丈对饮，不觉酩酊大醉，便回屋就寝。一觉醒来，月挂中天。他推门而出，乘着酒兴夜赏古刹。只见银辉遍洒古寺，层楼叠阁如置天际，溪水潺潺宛若银河。李白恍如置身仙境，惊愕万分，乘兴挥毫，在绝壁上写下了斗大的"壮观"二字。遗憾的是，这块书有"壮观"的山岩由于风化，后来坠入涧底。有人觉得可惜，便从涧底把碎了的山岩打捞出来，把上面的字拓下来，刻在石碑上，保存在浑源县永安寺。为了纪念这位大诗人，明代还在悬空寺东南侧建起了"太白祠"。现已不存。

从有关历史资料，如《恒山志》及诗词来看，相关专家推断，将"壮观"二字拓片刻碑应该在明代。后来大同华严寺又从永安寺拓碑。现在永安寺存有"壮观"二字的碎碑，应是后来碎的。

如今刻在悬空寺下面巨石上的"壮观"二字，是今人1995年翻拓于保存在华严寺的李白"壮观"碑刻，并经放大重新摹刻而成。

关于李白"壮观"二字，见诸史料的故事颇多。

清乾隆《恒山志》载："寺北向有太白祠，在恒水上，有太白手书迹。"清乾隆《浑源州志》则明确指出"壮观"是李白写的，"刻在磁峡东崖上，笔力遒劲，人多摹拓"。明成化十年（1474），在崖上建造了太白祠。《山西通志》亦载："'壮观'，唐李白书，刻于大同府浑源州磁峡崖上。"

遥想当年，诗人游历名山大川，到达北岳恒山时，见平沙浩浩的塞外，耸立着巍峨壮丽的高山，悬挂着奇巧无比的寺庙，心中一定激情涌动，认为写诗已不足以表达赞美之情，遂挥毫疾书"壮观"，飘然而去，留给后人无穷的想象与回味。

"壮观"二字端庄洒脱,大气沉稳,但仔细观察,就会发现"壮"字的右下角多了一个点。据说,李白写完这两个字后,仍意犹未尽,就加了一个点,意思是比壮观还要多一点。当然,这只是后人揣测,悬空寺由此平添一段佳话。

　　但是,说来道去,人们对李白是否来过恒山仍不免存有争议。

　　"心爱名山游,身随名山远"的李白如果真的来过恒山的话,为何没有留下一首关于恒山的诗?李白是爱山爱水爱到极致的诗人,对于游历过的名山秀水,他似乎无不留下诗作。通过诗作,我们可以确切地得知,他曾到过太原、雁门,以及塞北阴山等处。清人王

北岳名寺,"壮观"千载

琦的《李太白年谱》记载："天宝改元以后，复游晋地。"但此文中对于李白第二次入晋的时间及线路却只字未提。对此，有学者进行了可贵的探索，并推断李白在恒岳庙写过《古风》三十七和五十四；攀登恒顶，又写过《古风》三十八和三十九。

李白写过"五岳寻仙不辞远""采秀辞五岳"的诗句，说明他是到过五岳的。还有，现存的古代方志里，如《恒山志》《浑源州志》《大同府志》《山西通志》均有李白来过恒山并手书"壮观"的记载。清人方坦的《太白壮观二字墨刻》记载："苍崖恍惚蛟螭走，壮观二字大如斗。李白当年恒岳游，自喜名山落吾手。平沙浩浩黄云开，雁门龙首青崔嵬。遥想真人下天际，放笔万里秋风来。"李白当年游历恒山悬空寺时放笔万里，说这么有名的山岳落在我手里了，怎么能不令人高兴，怎么能不留下一点墨宝呢？

其实，以李白洒脱率真、豪放不羁的性情，是不是也会"不羁"一次？只写"壮观"二字是不是正体现了李白的性情？是不是体现了李白的与众不同？

这样解释似乎也能说得通。

极目不知千里远，举头唯见万山低。不登高山不知天之高，不临深渊不知地之厚。

登高山，感受每一块山石的风雨洗礼，览阅每一棵古松的苍劲风神，聆听每一座庙宇的神秘故事；临深渊，仰望悬崖峭壁的自然造化，惊叹巧夺天工的凌云飞挂，感受"三教合一"的历史文化。

恒山，永恒的雄伟山岳。

悬空寺，玄妙险绝的空中奇迹。

在中国人的文化记忆中，恒山悬空寺，日月光华，旦复旦兮。

佛光寺

千年的风华百年的荣辱

— 李玉

> 佛光寺的正殿魁伟整饬，还是唐大中年间的原物。除了建筑形制的特点历历可征外，梁间还有唐代墨迹题名，可资考证。佛殿的施主是一妇人，她的姓名写在梁下，又见于阶前的石幢上，幢是大中十一年（公元八五七年）建立的。殿内尚存唐代塑像三十余尊，唐壁画一小横幅，宋壁画几幅。这不但是我们多年来实地踏查所得的唯一唐代木构殿宇，不但是国内古建筑之第一瑰宝，也是我国封建文化遗产中最可珍贵的一件东西。
>
> ——中国建筑学家梁思成《记五台山佛光寺的建筑》

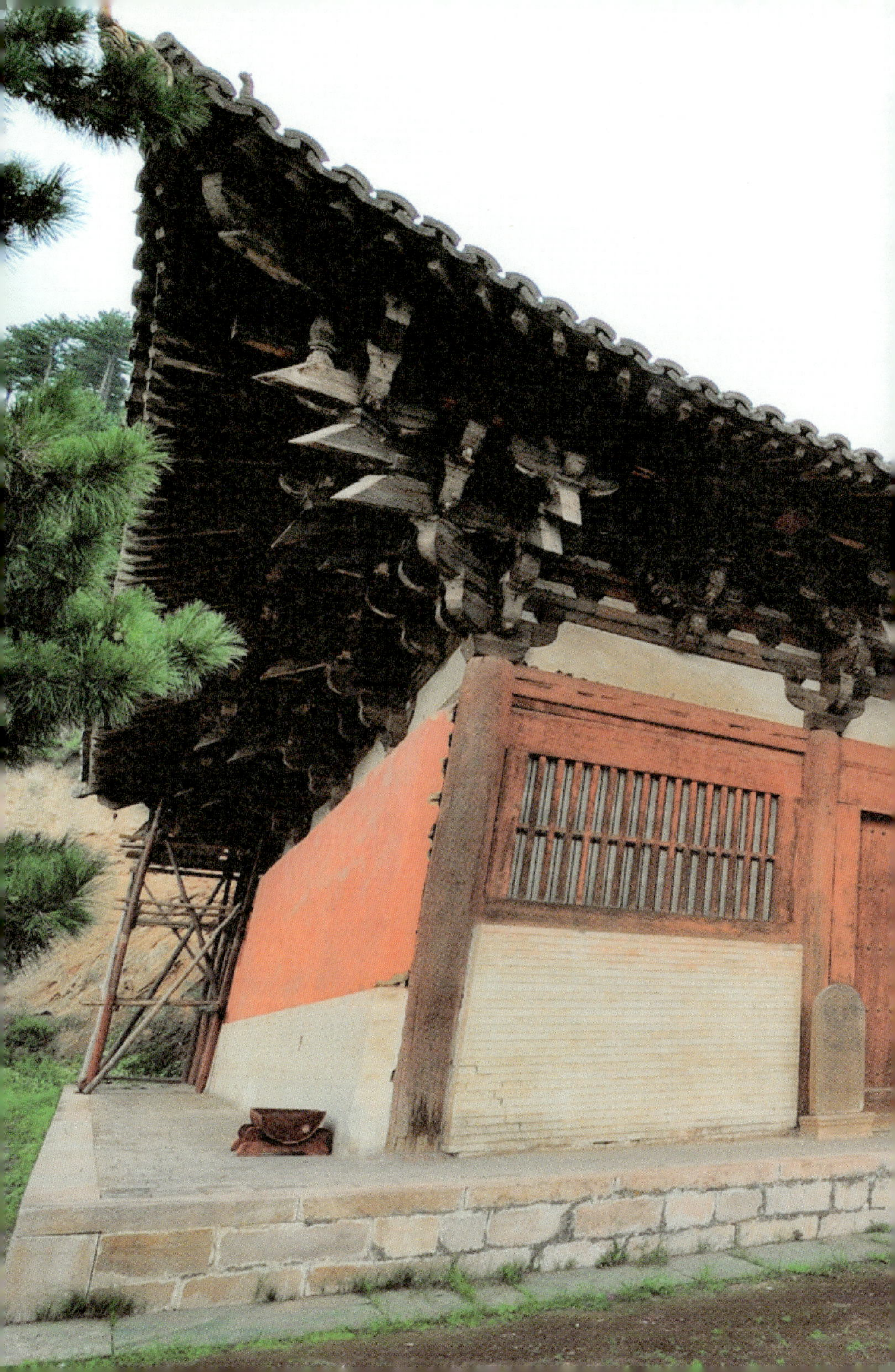

寺，在中国古代最早是官署名称，所谓"诸官曹之所，通呼为寺"，后又成为政府机构名，且一直沿袭到清朝，如太仆寺、鸿胪寺等。传说，汉明帝梦见丈六金人自西方而来绕殿堂飞行，不知其为何神。博士傅毅说西方有叫佛的神，和明帝梦见的类似。于是，明帝就派人西行寻佛。寻佛之人在大月氏（今阿富汗至中亚一带）碰上弘法的天竺高僧摄摩腾、竺法兰，于是邀请他们来中国。永平十年（67），一行人以白马驮载佛经、佛像返回国都洛阳。汉明帝十分高兴，把他们安置在负责外交的大鸿胪衙署。第二年，汉明帝敕令为他们修建僧院，以"寺"为名提升其规格；以"白马驮经"之说明其渊源，称"白马寺"，这是中国最早的佛寺。

从此，随着佛教的传播，寺院建筑开始出现，既有皇帝敕造，也有权贵显宦舍宅为寺，更有民间信众自发募建，成为佛教徒表达虔诚的重要途径之一。至迟在南北朝时期，佛教已然大兴，寺院广建。北方的洛阳，杨衒之著《洛阳伽蓝记》述其盛，"招提栉比，宝塔骈罗"；南方的建康（今江苏南京），杜牧在《江南春》中咏其夥，

"南朝四百八十寺，多少楼台烟雨中"（事实上超过四百八十甚多）。也有人统计，南北朝后期，中国佛寺总计已近四万座。之后，佛教虽然经历了"三武灭佛"的波折，但总体而言，影响力持续在社会各个层面扩散。无论是通衢大邑还是穷乡僻壤，宏丽壮观的寺院总是当地盛景。哪怕是深山之中也有塔庙，留下了"天下名山僧占多"的俗语。

中国传统建筑以木结构为主。落成之时，飞檐翘角，雕梁画栋，美轮美奂。然而，"舞榭歌台，风流总被雨打风吹去"，木结构的建筑难以经受岁月的侵蚀，何况频仍的战火更是致命威胁。传说中的阿房宫"覆压三百余里，隔离天日"，然而"楚人一炬，可怜焦土"。

作为宗教性的建筑，寺院不乏热心的信众时常整修增扩；作为神佛菩萨的居所，凡人对寺院总会多一些敬畏少一些侵扰，所以现今留存的古建筑，寺院、宫观、庙宇等非世俗性的建筑要占大半。如果没有它们，中国古代建筑史将出现难以弥补的空白。即使这样，中国现存的古代木构建筑实物也只能上溯到唐晚期，且只有区区三座半，分别为五台山的佛光寺东大殿、南禅寺大殿，芮城的广仁王庙以及平顺的天台庵（建于五代后唐，算半座）。其中佛光寺东大殿等级最高，同时，其历史也最富传奇。

因佛光遍照而有寺，以高僧辈出而闻名

　　五台山何时有佛寺，过去的说法是略晚于洛阳白马寺。传说摄摩腾、竺法兰来了中国云游四方，到五台山后，发现五台山山形与佛经中描述的灵鹫山相似，于是，就创建了大孚灵鹫寺（即今五台山显通寺）。但事实上，北魏之前，五台山上并没有佛寺兴建，被视为文殊菩萨道场更是唐初才开始形成的观念。然而，五台山山势雄伟，景色壮丽，峰岭蚁簇，云雾缭绕，浑不似人间景象，必然为自居出世的僧侣所青睐。于是随着佛教的兴盛，五台山逐渐为佛家所踞，成为中国佛教四大名山之一，也名列世界五大佛教圣地中。

北魏孝文帝笃信佛教，在位期间崇礼僧人，兴造佛寺，在平城（今山西大同）、洛阳以及周边地区建寺之事于史籍中历历可考。唐朝高僧慧祥在《古清凉传》中说，大孚灵鹫寺"本元魏文帝所立"，这是五台山第一座寺院。约略与此同时，孝文帝巡幸五台山，在路上看见一道佛光，于是就在此地兴建了佛光寺。而据宋朝高僧延一在《广清凉传》中所载，佛光寺为燕宕昌王所立，立寺缘由也是"巡游礼谒"，"遇佛神光，山林遍照，因置额，名佛光寺"。史籍明确记载第八任宕昌王梁弥承曾亲自朝拜孝文帝，建寺只可能在此时。所以无论佛光寺是谁所建，总之建于孝文帝时没有疑问。

佛光寺虽然大致上可以说在五台山，但与五台山核心区域有不

佛光宝寺，名山名刹

远的距离，处于这一佛教圣地的边缘位置，距显通寺甚至有百里之遥。初建之时，规模也不算太大，只有"佛堂三间，僧室十余间"，可取之处无非是"尊仪肃穆，林泉清茂"（《古清凉传》）。然而"山不在高，有仙则灵"，自建成之时，不断有高僧大德来此驻锡弘法，终于成为佛教一方名刹。

南北朝时期的昙鸾是中国佛教史上一位重要的僧人，东魏孝静皇帝称为"神鸾"，南朝梁武帝称为"肉身菩萨"。他一生弘扬净土宗思想，影响遍及朝野乃至海外，今天日本佛教界仍视为日本净土宗祖师。据《古清凉传》记载，昙鸾未出家时，曾在佛光寺旁建草庵居住，希望能看到真如境界，后来目睹寺内诸佛菩萨圣像，于是就在此出家。

隋唐之际的解脱是研习《华严经》的高僧，佛教界将其和天台山智颉大师相提并论（《华严经》是佛教华严宗的根本经典，也是文殊信仰的经典、宗派和修行实践依据，换句话说，解脱是开启五台山文殊信仰的先行者之一），也是北周武帝灭佛后复兴五台山佛教的关键人物。他隐于佛光寺近四十年，设坛说法，听众有万人之多，被人称为"法苑之梁栋，释门之标准"，跟随其学有成就者超过千人。

另外还有唐高宗时期的明隐，"晓悟华严经义，乃造华严论六百卷"，曾驻锡佛光寺七年。唐代宗时期的法照，是中国净土宗第四代祖师，被代宗封为国师，也曾被代宗、德宗皇帝请进宫中说法。法照受菩萨指引，由佛光寺进入大圣竹林寺，并被文殊和普贤菩萨授记（佛对发心之众生授予将来必定成佛的记别）。

《中国汉传佛教建筑史》说"高宗时，佛光山寺已经是一座与五台山主寺大孚灵鹫寺同等重要的寺院"，说明佛光寺也是国内文殊信仰的一方重镇，神异屡现。指引法照大师入佛国是一例，而在唐穆宗长庆元年（821），河东节度使裴度上奏，说"五台佛光寺庆云见。文殊大士乘狮子于空中，从者万众"，于是，唐穆宗便派遣使臣供奉万菩萨。

也许这些神异的事迹广为流布，使佛光寺在僧俗心中地位愈加隆崇，免不了有僧人增广寺院殿堂。《宋高僧传》记载，约在唐宪宗、穆宗之时，一位叫法兴的僧人在佛光寺修建了一座三层七间的弥勒阁，高"九十五尺"（约合今天三十米，十层楼高），里面有塑像七十二尊，为"圣贤、八大龙王"。五台山僧俗信众异口同声，请其为"山门都"，"从其统摄"，即台山众寺之首，因其"规范准绳，和畅无争故也"。

这是佛光寺历史上一个最为辉煌的时代。随着佛教圣地五台山更广泛的传播，佛光寺声名也远及域外。唐穆宗长庆四年（824），吐蕃遣使求《五台山图》。所谓《五台山图》就是描绘五台山自然地理、佛教寺院以及文殊菩萨在五台山中显化种种灵异圣迹的佛画。因文殊信仰的深入，《五台山图》亦成为佛教圣物。其画最早可能在高宗时期就有绘制，而随着五台山佛寺的发展，《五台山图》也多有

变化增益。吐蕃所求之《五台山图》，必然少不了佛光寺一席之地，高近百尺的弥勒阁更会引起众人的赞叹礼拜，而此图也极有可能是敦煌六十一窟《五台山图》的底本，并成为佛光寺沉寂千年后被梁思成、林徽因等人发现再一次引起世人瞩目的契机——这是后话，暂且不提。

弥勒阁建成后约三十年，佛光寺遭遇了最大的劫难。唐武宗掀起"会昌法难"，僧侣被迫还俗，寺院十不存一。佛光寺也未能幸免，雄伟高大的弥勒阁被夷为平地。幸而这场运动持续时间并不长，唐武宗驾崩后，他的叔叔唐宣宗继位，不久即下诏："会昌季年，并省寺宇。虽云异方之教，尤损致理之源。中国之人，久行其道，厘革过当，事体未弘。其灵山胜境、天下州府，应会昌五年四月所废

敦煌六十一窟《五台山图》

寺宇，有宿旧名僧，复能修创，一任住持，所司不得禁止。"曾经的名山大寺，多得以恢复。汾州僧人愿诚是会昌法难后佛教重兴的领袖之一，"遂乃重寻佛光寺。已从荒顿，发心次第新成"。

愿诚重修佛光寺，得到了神策军右军中尉王元宥遗孀宁公遇的全力资助。宁公遇以王元宥的名义施舍资财，并亲自送至五台山，之后还管理佛光寺的俗务。同时，当地大员也大力襄助，且由泽州功曹参军张公长"助造"——应该是承担着工程监督的职责。高僧主持，权贵出资，官员督造，佛光寺很快焕然一新，"美声洋洋，闻于帝听"，愿诚因此还被赐紫色袈裟。

愿诚所建，即今日所见佛光寺之东大殿，面阔也是七间，想来是在弥勒阁原址上建造的，而其庑殿顶的建筑样式又标识着大殿等级，显示着官方寺院的煊赫。

也有研究者认为，宁公遇其实是唐宣宗二女儿永福公主。永福公主虔心向佛，一生未嫁。这虽然没有什么不光彩，但于帝王之家总是隐秘之事，遂以"宁公遇"化名为寺院出资，为这位公主获取功德。这也从旁证明，为何偏处五台山的一座寺院，不仅建寺之事上达天听，还能得到大和尚的主持，大官僚、大太监的联手帮助，地方官员更纷纷附骥，欣然留名，而梁间题记还有"伏愿龙天欢喜，岁稔时康，雨顺风调，干戈休息"这样大格局的言辞。如果这是事实的话，作为皇家功德寺的佛光寺，其地位更是非同一般。

因唐代木构而珍宝，以斗拱硕大称奇观

唐之后，佛光寺在不同时代都进行过整修增扩。于今可考者，金代天会年间，修建了南北相对的文殊殿和普贤殿（明末毁于火灾）；元代对佛光寺的殿顶进行了补修，添置了脊兽；明清时期，又建了天王殿、伽蓝殿、香风花雨楼、关帝殿、万善堂等；民国初年，增筑了窑洞和南北厢房。如今共有二进五个院落，殿、堂、楼、阁等一百二十余间。以上种种，便是佛光寺之布局规模。然而，当地人都说，现在的佛光寺只不过是其鼎盛时期的一角，当日佛光寺占地广大，大殿在半山腰，山门却在二里外的山下。那儿有个地方叫"五间门"，据说就是当日山门所在。一般山门是三开间，佛光寺山

门却是五开间，可见规制宏大。当时佛光寺夜晚闭寺，僧人得骑马去关山门，留下了"骑马关山门"的俗语。想一想也理当如此，唐朝解脱和尚说法，听众有万人之多，如果寺院不够广阔，也放不下如许信众。

去佛光寺，不用去五台山核心景区。如果从太原出发，走二广高速、沧榆高速，转211国道，两个小时便可直抵豆村镇佛光村。

佛光寺在佛光村东南的佛光山上——村与山皆以寺名，也是佛光寺影响深远的一个证据——大多数人来佛光寺，都冲着东大殿这一唐代木构建筑而来。但游览佛光寺，应该像顾恺之吃甘蔗从末梢开始一样，求一个"渐入佳境"，没必要直冲东大殿而去，其余的楼阁殿堂也颇有可观。

进了山门，左手边是金代所建的文殊殿，面阔七间，进深八椽，几乎与东大殿等大，但单檐悬山顶的建筑样式表明在等级上与东大殿相差很多，所以虽然坐北朝南，也是寺院配殿。然而，作为国内仅存的唐宋时期悬山顶古建，重要性也不能单单以建筑等级而论。

文殊殿自然是供奉文殊菩萨的。殿内墙壁有五百罗汉彩绘，佛坛上有一组七尊金代彩塑，文殊菩萨骑青狮、执慧剑当中而立，象征着唤醒沉迷众生、断众生一切烦恼。以此寓意来说，文殊殿应该是寺院的讲法堂。为求容纳更多僧俗信众，让殿内空间更大，文殊殿修建时采用了一种特殊的方法，就是宋辽之时出现的减柱法。

中国传统建筑的修建，先立木柱，柱上架梁，梁上铺设屋顶。

屋顶重量由梁经过柱子传到地面，而墙壁只起到外包和隔断作用，并不承受房屋重量，所谓"墙倒屋不塌"。于是柱子的粗细和多少决定着能够承担的房屋重量。柱子粗且多，房屋就能修得高大雄伟，但同时，如果柱子既粗且多，屋内的空间就被分割破碎，看上去狭仄而局促。而文殊殿利用减柱法，以粗大的横栿承托梁的接点，前后槽各自只用两根内柱，由此减掉八根柱子，这样大大地增加了室内空间，也显示了佛堂的宏阔庄严。

文殊殿之东是香风花雨楼，为明朝所建。楼名有着浓郁的佛教色彩，引自《法华经》《维摩诘所说经》等和文殊菩萨相关的佛教典籍，是寺院作为文殊道场或法华寺庙的标识，其意蕴则形容佛法如香风袭来，六界感应，引来天花如雨落下，然而，即使是不了解这些佛教典故，这样优美的名字也令人一睹难忘，让游客对这个本来并不出奇的小楼顿生好感。

在这进小院内逡巡半晌，终于要去品尝压轴的"大菜"了。穿过十几级上行的幽暗门洞，眼前刚刚一亮，还不能分辨景物，刹那间一座大殿便占据了整个视野。

唐建本来就以宏伟庄重著称，何况眼前的东大殿还得仰视，更觉气势压人，然后便见到一座挺拔的灰白经幢以及层层叠叠像垂天的云朵的斗拱，然而却也没挡住"佛光真容禅寺"的巨匾——到了这儿，佛光寺果然显现出真容了。

不忙进去，先在外面看看。曾经在书上看到过，唐朝木构建筑

佛光寺文殊殿

的外部特色是房檐平伸阔大，斗拱雄壮疏朗，显得雄浑而厚重。现在国内三座半唐代木构建筑实物中，南禅寺、广仁王庙和天台庵是民间的宗教建筑，等级不高，不足以完全代表唐朝建筑风格，只有佛光寺大殿，是在官方（甚至是皇家）主导下修建的，规格仅次于皇宫大殿，只在体量上有所区别。我们透过东大殿，甚至可以去想象大明宫含元殿，生发"进而仰之，骞龙首而张凤翼；退而瞻之，岌树巅而峚云末"（唐李华《含元殿赋》）的感受。

斗拱是中国古建筑特有的构件，用以支撑和承接庞大的屋顶，将其重量直接或经过额枋间接地传递到柱础上。立柱和横梁的交接处，在柱顶上层叠形成弓形的承重结构叫拱，拱与拱之间垫的方形木块叫斗，合称斗拱。佛光寺的斗拱高度约等于柱高的一半，从而使整座建筑显得庄重大气。当日梁思成首先就是被斗拱震撼，说"斗拱雄大，出檐深远"，怀疑大殿是唐代建筑。听说有些建筑专业人士，来到佛光寺，在大殿门外就是光观察斗拱都要待半天。我欣赏半晌，之后绕殿三圈表示虔敬，才进殿去。

大殿之内，光线幽暗，向上看去，又是层叠的斗拱支撑着梁枋、屋架，梁思成凭其初步断定大殿修建年代的叉手也在上方，但若不是有极深的专业素养，或者像我这样特意去看，实在不知道这些东西大有门道。

我能够看得出美的，是那一排彩塑。在佛弟子、胁侍菩萨、供养菩萨等的簇拥下，是释迦牟尼佛、弥勒佛、阿弥陀佛和两旁的文

佛光寺东大殿

夕照中的飞檐

东大殿屋脊上的鸱吻

殊、普贤二菩萨。佛、菩萨面容圆润，神态庄重；供养菩萨神态谦卑，姿容秀丽；天王高大威猛——他们都是让人心生敬畏的；童子则有几分活泼，看上去有"人"气得多。而最令人关注的塑像在角落里，即文殊菩萨背后那位民间装束的中年妇人，都说即为宁公遇，还有在佛像对面的中年僧人，被认为是愿诚和尚。若非他们，也便没有这座东大殿，所以虽然看起来不起眼，但很多人都愿意特意鞠

东大殿内的唐代佛像

躬致意。近些年，学者们对宁公遇塑像进行检测，发现塑像后侧表层泥塑涂层的草是金代的，由此推测这座供养人塑像或许在金代曾经补塑，或者就不是宁公遇。无论如何，我还是愿意相信那就是宁公遇，否则，佛光寺的故事便没有了落脚处。

这些塑像和东大殿一起诞生，但之后或宋或明，多次被重新绘彩，最近的一次是20世纪20年代，佛光寺的僧人澄溪老和尚将全部塑像彩绘一新，出于崇敬，甚至给佛像披上"龙袍"，导致塑像失去了唐绘淳雅之美，也让人难以知道原貌，若非形制体态，恐怕都无法断定年代了。这是澄溪和尚的过失，但是，他也是佛光寺存世的大功臣。据说有一天他半夜突然心血来潮，便起来四处查看，发现东大殿供桌上的桌围已被香烛点燃烧尽，连供桌都开始燃烧，他赶快用殿前积雪将火扑灭，这才保住了东大殿，否则罕见的唐代木构就剩下了断壁残垣，想一想就令人后怕。

梁思成当日还发现了唐代的壁画和书法，和唐代木构、泥塑共称为"四绝"，只是壁画在内柱额的拱眼壁上无法得见，题词则看不真切，于今日的游客来说，也是种遗憾。

当然，这些遗憾实在不算什么。如果佛光寺没有被梁思成等人发现，任由日本人说中国绝无唐代木构建筑，那才是千古大憾。

东大殿内的唐代壁画

梁思成称为"国内古建筑之第一瑰宝"

中国建筑是日本建筑和朝鲜建筑的源头，日本长期研究中国建筑。20世纪二三十年代，两个建筑学家常盘大定和关野贞考察了中国古建筑后得出结论"中国没有唐代建筑"。他们在一篇论文中斩钉截铁地宣称："中国全境内木质遗物的存在，缺乏得令人失望。实际说来，中国和朝鲜一千岁的木料建造物，一个亦没有。而日本却有三十多所一千至一千三百年的建筑物。"同时，日本人尤以奈良市鉴真大师所修建的唐招提寺为自豪，认为研究唐代建筑，必须得去日本。

梁思成不认可这一结论，他不相信广袤的中国大地留不下一处唐代木构建筑，于是开始辛苦寻觅。从1932年开始，他和营造学社的同事走访了上百个县市1823座古代建筑，然而始终没有发现唐构的影子。1936年，梁思成在北平的图书馆看到了法国人伯希和拍摄的《敦煌石窟图录》，在第六十一窟的《五台山图》中发现了一座"大佛光之寺"。此窟是宋朝归义军节度使曹元忠的功德窟，也称"文殊堂"。曹氏家族世代信仰文殊，《五台山图》收集了从河北正定到山西太原一路上的文殊寺院，"大佛光之寺"正是其一。梁思成认为，这座山处于偏僻地区，少受外界打扰，寺庙也许能得以留存。他后来在《中国建筑史》中说，佛光寺"其位置在南台之外，为后世朝山者所罕至，烟火冷落，寺极贫寒，因

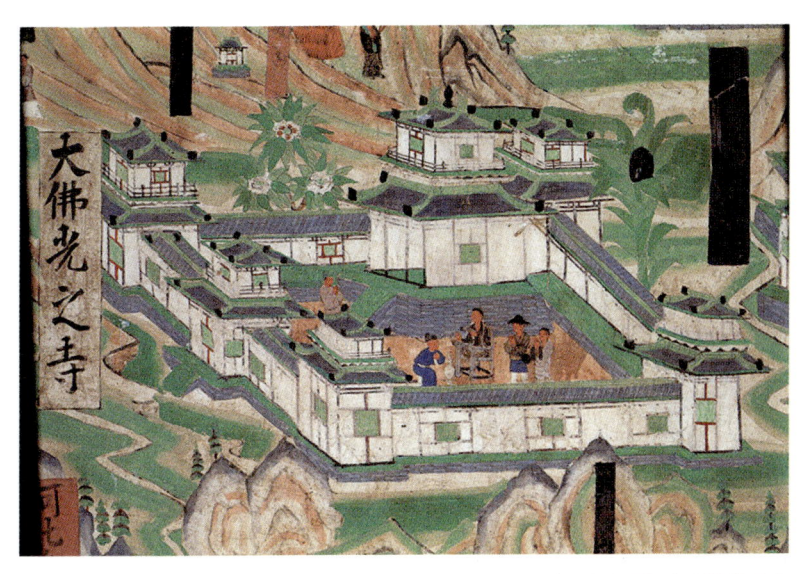

《五台山图》中所绘佛光寺

而得幸免重建之厄"。

事实上，日本人也看到了《敦煌石窟图录》，还到访过佛光寺，甚至还注意到了经幢上"大唐大中十一年"及"女弟子佛殿主宁公遇"的字样，但他们觉得图录上是三层弥勒阁，现场却是大殿，说明唐建已毁，所以再没深入探查，失去了发现佛光寺的机会。或许，这也是日本人心中的刻板偏见所致。

1937年6月底，梁思成、林徽因带着营造学社的助手莫宗江、纪玉堂从北平出发，南下抵达正定，西行到了太原，又从太原到了五台山，然后骑着驮骡入山，在一天黄昏时，走进了佛光寺。

其时，佛光寺早已不复千年前香火鼎盛、僧俗如云的景象，荒凉破败，杂草丛生，只有一个七十多岁的老和尚和他年幼的哑巴弟子守着寺庙。

大门打开，一行人打破了千年的苍凉，佛光寺慢慢显现。"殿斗拱雄大，屋顶坡度缓和，广檐翼出，全部庞大豪迈之象，与敦煌壁画净土变相中殿宇极为相似，一望而知为唐末五代时物也。"梁思成后来在《记五台山佛光寺的建筑》中如此写道。

然而，这毕竟是梁思成根据经验得出的推断。接下来的几天，他们开始实地测绘、研究，发现了更多的证据：

斗拱断面尺寸是晚清建筑斗拱断面的十倍，屋檐探出近四米，为宋以后建筑所未见；

莲瓣造型的柱础，是唐代最流行的风格；

平闇（为了不露出建筑的梁架，常在梁下用天花枋组成木框，框内放置密且小的木方格，再加上盖板，称为平闇）方格密小，是唐末及五代建筑通用的做法；

屋顶架构用"大叉手"承托，梁思成只在唐代绘画中见过，因为宋以后演变为在叉手之间加"侏儒柱"；

殿内彩塑佛像面颊丰满，眉弯口正；菩萨立像微向前倾，腰部弯曲，小腹略微凸起，也是唐代风格的鲜明体现；

大殿门口的经幢上，有"大中十一年"和"佛殿主宁公遇"字样……

这些发现令梁思成他们欣喜万分，抱定的"中国必有唐构"的坚定信念落在实处，日本人的结论成为笑话。

当然，若仅止于此，在学术上，他们只能说佛光寺东大殿"极有可能"是唐构，单纯用经验和素养判断，前后误差五十年也是正常，所以还缺少最为直接最有说服力的证据。

在结束了考察准备离开之时，他们才发现梁上有字，梁思成后来说：

> 我们工作了几天，才看见殿内梁底隐约有墨迹，且有字的左右共四梁。但字迹被土朱所掩盖。梁底离地两丈多高，光线又不足，各梁的文字，颇难确辨。审视了许久，各人凭自己的目力，揣拟再三，才认出官职一二，而不能辨别人名。徽因素来远视，独见"女弟子宁公遇"之名，深怕有误，又详细检查阶前经幢上的姓名。幢上除有官职者外，果然也有"女弟子宁公遇"者，称为"佛殿主"，名列在诸尼之前。"佛殿主"之名既然写在梁上，又刻在幢上，则幢之建造应当是与殿同时的。

佛光寺东大殿为唐大中年间修建这才得以确定，中国有唐构存世，铁证如山，无可争议，梁思成欣喜地说"实亦国内古建筑之第一瑰宝"。

他们赶紧再度搭梯上梁，小心擦拭，千年前的字迹显露，从北至南依次为：

　　　　功德主故右军中尉王　　佛殿主上都送供女弟子宁公遇

　　　　敕河东节度观察处置等使检校部工尚书兼御史大夫郑

　　　　功德主敕河东监军使元

　　　　奉为　国敬造佛殿七间，伏愿龙天欢喜，岁稔时康，雨顺风调，干戈休息；十方施主，愿转法轮；法界有情，悉愿成佛

　　　　代州都督供军使兼御史中丞赐紫金鱼袋卢；摄录事参军侯莫陈谱；摄功曹参军程列；助造佛殿前泽州功曹参军张公长；大堡冶官衔前兵马使武君良；宣德郎前守雁门县令李行儒书；前度支监州院巡覆官邵卓

　　其余人暂且不提，他们于大殿修筑更多是具名而已。唯"功德主故右军中尉王"，是佛光寺修筑的实际出资者，比较关键。梁思成当日考证为唐中晚期的一个大太监王守澄，而近些年学者们研究，大多认为是王元宥，一则寺建成之时王元宥新丧未久，而王守澄死去已有二十多年，于情理推测朝中显宦不会热心配合他家人修建寺院；二则王元宥是太原人，有晋国公的封爵，还担任过"功德使"这种负责管理天下僧尼、道士女冠的官职，可见与佛教渊源很深。他崇信佛教，热心佛事，虽史料阙如，但窥一斑也能知全豹，如曾经为圭峰禅师施碑。佛光寺之修建，他怀抱桑梓之情，倡议、出资都在情理之中，只是大殿未落成而逝，便由其妻子（或亲人）宁公遇完成遗愿。而竣工之时，论功当为第一，所以才居于题记首位。

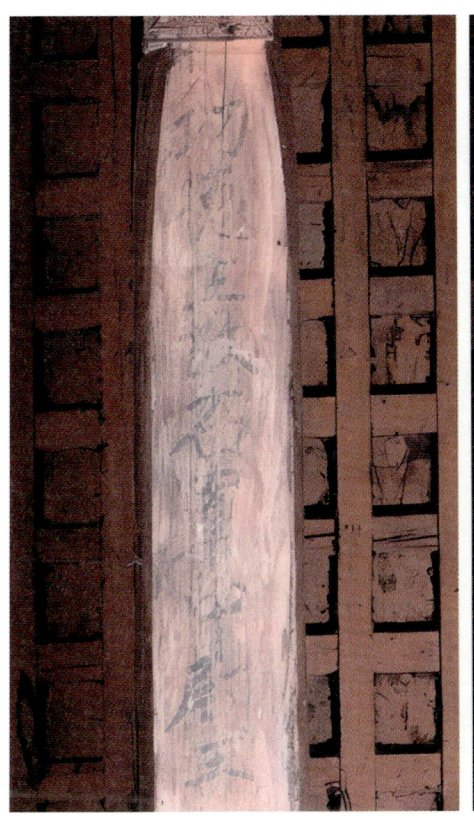

东大殿内梁底题字

这些都是佛光寺研究的细节问题，再之后的几十年里，学者们在梁思成等前辈的基础上，对佛光寺进行了更加深入的研究，成果斐然，已不限于梁思成当日之考察。甚而，梁思成所说佛光寺为中国唯一唐构的观点也被否定——20世纪50年代，山西省文物工作者在文物普查中发现了比佛光寺东大殿更早建成的南禅寺大殿和芮城广仁王庙。

佛光寺，不仅仅是一座寺院

考察工作完成后，梁思成一行在代县休息并整理资料，并写信给山西省政府主席、五台人赵戴文，希望能妥善保护佛光寺。也就在此时，得到了外界消息，卢沟桥事变已经爆发五日，归路不便，前途莫测。一行人由此各奔南北，整理的资料和图稿则经历了种种波折——由太原至北平，由北平至天津，由天津至上海，或避战火，或遭水厄，辗转再三才到了在四川宜宾李庄居住的梁林夫妇手中。梁思成写就调查报告《记五台山佛光寺的建筑》时，已经到了1944年。然而他心中全无喜悦，反而充满了对佛光寺的担忧，今天读之，犹为之忐忑不安：

今晋省沦陷已七年，豆村曾为敌寇进攻台怀据点。名刹存亡，已在未知之数。吾人对此唐代木建孤例之惴惧忧惶，又宁能自已？

佛光寺 千年的风华百年的荣辱

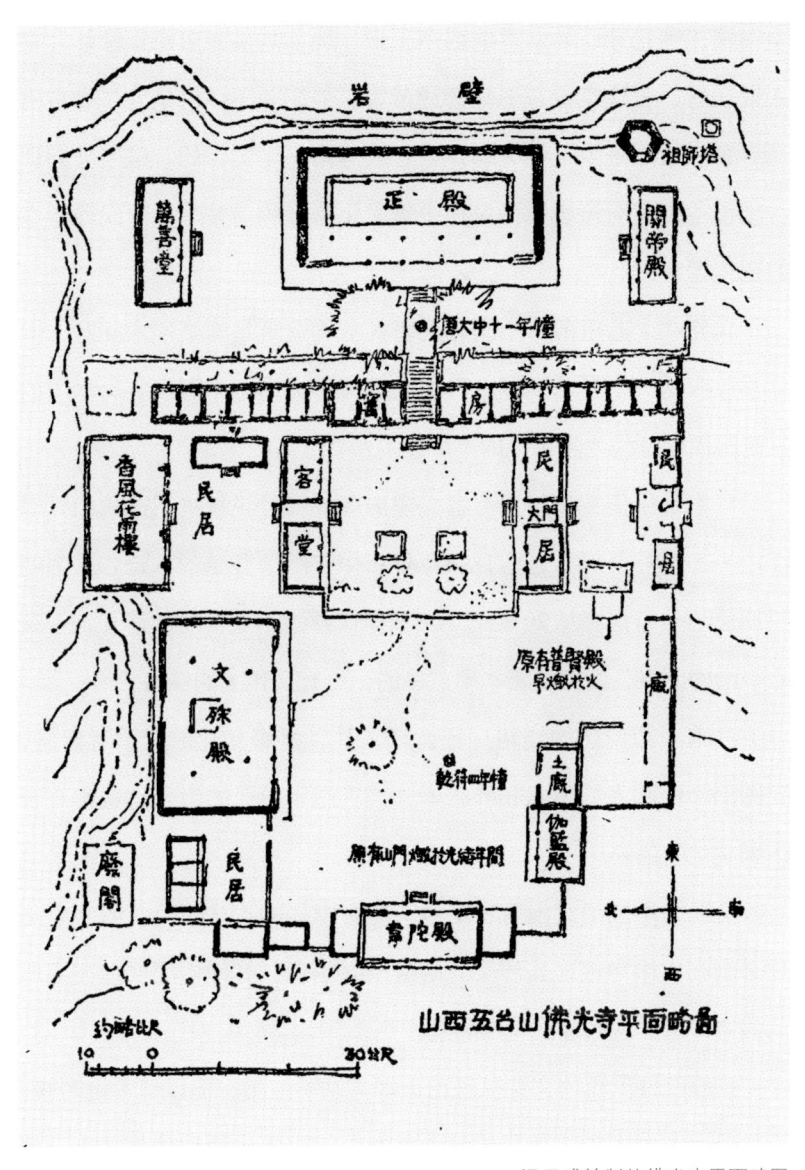

梁思成绘制的佛光寺平面略图

好在佛光寺还是幸运地留存下来。现在的佛光寺每年都能迎来大批学者、古建筑爱好者和普通游客，他们并不仅仅是为了欣赏佛光寺东大殿之雄姿，也有缅怀梁思成等诸先生的目的。谁不会向那些国家危难之时苦心孤诣保存中华文化命脉的前辈学人致以最崇高的敬礼呢？

回到八十七年前，中国有无唐代木构建筑是一个学术问题，但绝不仅仅是一个学术问题。日本人粗疏冒失的"中国没有唐构"的结论，仅仅是因为学术上的不严谨吗？

日本是中华文化的学习者、模仿者，同时觊觎神州辽阔的万里江山——这甚至都不是从1894年中日甲午战争开始的，野心从明朝时期便昭然若揭。从20世纪二三十年代开始，更实质性地开始了灭亡中国的图谋，而伴随着军事占领的，更有文化上的侵略。

日本人为自己的侵略行径诡辩，并以盛唐文化的继承者自居，妄图消除中国人的反感和斗志——"王道乐土"的口号也着实有着中国文化的色彩。

所以，中国绝对没有也绝对不能有唐朝的木构建筑，因为唐文化必须在中国绝迹，盛唐荣光的唯一继承者只有他们那伙远在海外的强盗，这样他们才能鸠占鹊巢。

这般胶柱鼓瑟的言论从理论上根本站不住脚，但以口舌论短长，不如以事实为刀枪。梁思成等人耗费六年时光，踏遍荒郊野岭，搜寻枯寺古庙，就为用实证让日本人的理论不攻自破——佛光寺东大殿以一种雄浑伟岸的姿态宣告了在这次文化交锋中我方的胜利。

梁思成这样的文弱书生,并没有拿着钢枪在战壕中抗击日军,他们的阵地看不见,但同样重要。战士们守护的是泱泱国土,他们守护的则是五千年中华文化,而这样的学人,还有很多很多。如顾颉刚,创办《禹贡》杂志,抗日战争中从历史地理转向研究边疆地理,用意在于宣示疆域,明确神圣国土不容侵犯;如傅斯年,著《东北史纲》,证明有史以来东北就是中国不可分割的一部分,为东三省的归属提供了重要证据;如钱穆,著《国史大纲》,说"一民族文化之传统,皆由其民族自身递传数世、数十世、数百世血液所浇灌,精肉所培壅,而始得开此民族文化之花,结此民族文化之果,非可以自外巧取偷窃而得",从根本上断定日本的文化侵略也将失败……

学人不死,则文化不灭;文化不灭,则中国不亡。

于今再看佛光寺,更有感触。它是大唐繁华的见证,也曾目送大唐如落日般西沉;它是老一辈爱国学者魂魄的凝聚,寄托着为国家为民族无畏无私的牺牲精神;它是中华传统文化的象征,见证着华夏文化生生不息每每浴火重生的历程。

伟哉,佛光寺!

应县木塔

峻极神工的东方传奇

_赵平

它在中国木结构古建中首屈一指，是最高峰。也可以说是木结构古建筑的顶峰，空前不好说，绝后是没问题的。它是东方建筑系统了不起的杰作。

——中国古建筑学家罗哲文在"木塔现状及修缮方法研讨会"上的讲话

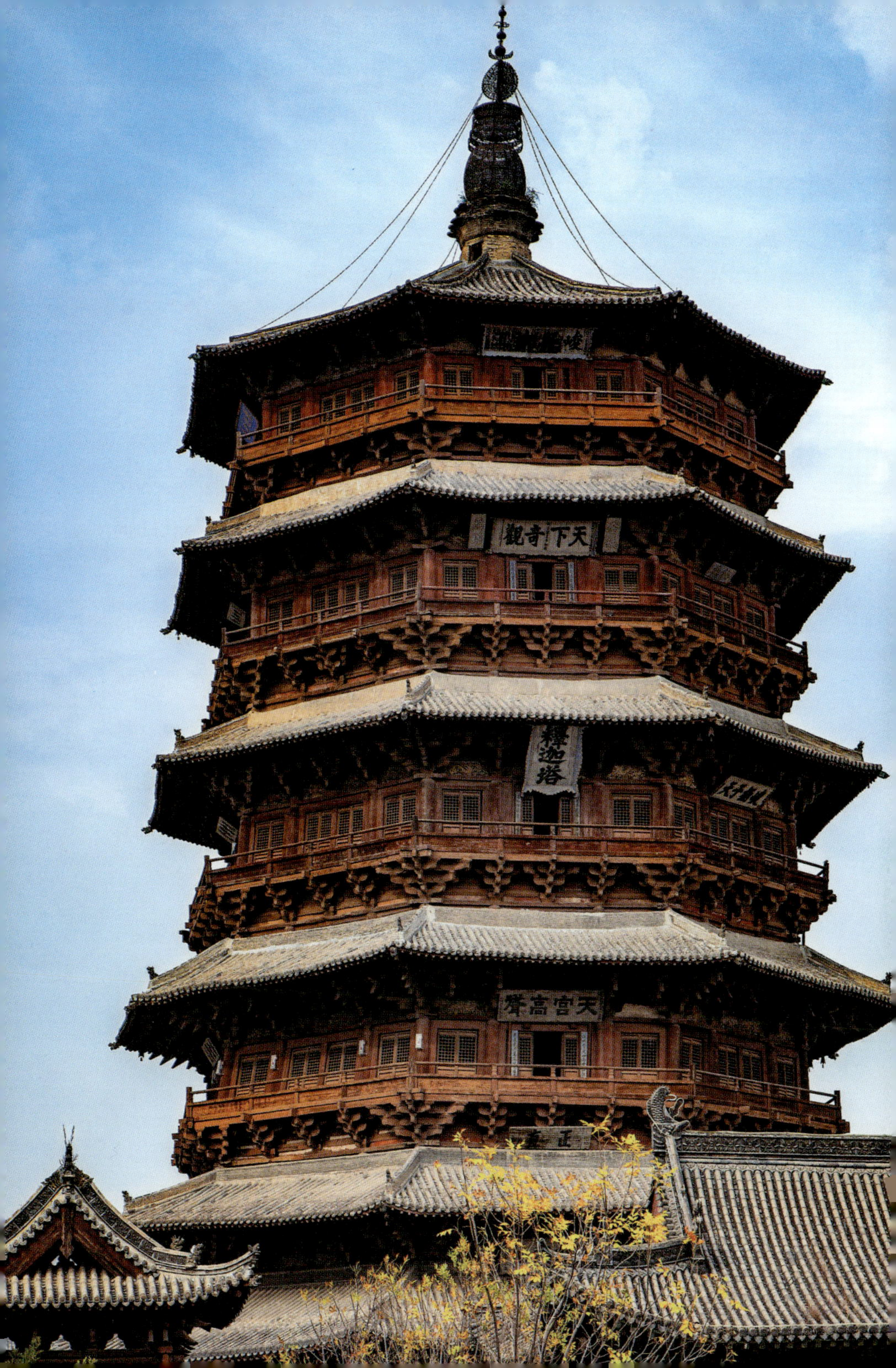
天下奇觀
釋迦塔
天宮高聳

应县木塔，本名释迦塔，是高矗于山西应县的一座世界上现存最古老最高大、规模最大的纯木结构楼阁式建筑。这座诞生于11世纪的伟大建筑物不仅以雄壮豪放而玲珑华美的外形让人赞叹不已，塔内丰富的文化宝藏更是耀眼。其巧夺天工的技艺不仅代表了当时的最高建筑水平，即使放到科技发达的今天也堪称典范。它历经风雨侵蚀、数次雷击与地震影响，以及人为破坏，始终屹立不倒，称得上是中国古代木构建筑的奇迹，是为千古一塔。应县木塔集边塞文化、古建文化、佛教文化于一身，在数番历史的演变中早已拥有了深刻的精神内涵与璀璨光芒。作为三晋大地上的标志性建筑之一，应县木塔是历史留给晋北的深情表达。它是中华民族智慧的结晶，是全人类共同的文化遗产，是人类文明史上的一座丰碑。

"慈光远照",根植于血脉中的"优越感"

我也是带着"优越感"出生的。

只不过那种优越感并不属于个体范畴,而是地域恩庇下的一种感觉。

我家住在龙首山脚下,小时候经常爬上山,向西南方向眺望,除了阴雨天气,总能清晰地望见应县木塔。虽说那时并不懂那座塔代表什么,但身边所有人都说"了不起",我就有了莫名的自豪与单纯的膜拜。十几岁时,我们全家在木塔前拍了第一张全家福照片,我竟觉得有一种非常的荣耀之感。

后来,我开始对木塔一知半解,也总在塔前看到许多前来观赏的人,就憧憬着若能登一次塔该有多好,但五块钱的门票还是将我挡在了红墙外。再后来,当我花了六十块钱走进去时,木塔已无法登顶,只限于参观一层及后面的佛宫寺。

直到2018年冬,由于要为《应县木塔志》撰稿,我终于登塔圆梦。

我停留在每一处细节前,哪怕不停地跺脚、搓手,被冻得瑟瑟发抖,也不舍得离去。那一刻,作为一个应县人,我才真正体会到那种地域"优越感"。

"天下奇观"，山西北部的木建瑰宝

"灅南宫阙尽，一塔挂青天。"顾炎武这样说。

这塔，如擎天巨柱，堪称传奇。

不然，怎么能让梁思成感慨："好到令人叫绝，喘不出一口气来半天！"又怎么能情不自禁写道："这塔真是个独一无二的伟大作品。不见此塔不知木构的可能性到了什么程度。"

在梁思成来之前，应县木塔是静默的。尽管金元年间，拓跋氏的后裔元好问来过，他写诗道："平野风埃接戍楼，边城三月似穷秋。人家土屋才容膝，驿路旃车不断头。随俗未甘尝马湩，敌寒直欲御羊裘。十年紫禁烟花绕，此日云山是应州。"元好问连住十日，豪饮写诗，于是又有了"缥缈层檐凤翼张，南山相望郁苍苍。七重宝树围金界，十色雯华拥画梁"。也尽管明朝两位皇帝朱棣与朱厚照曾登塔观览，并分别留下"峻极神工""天下奇观"匾，匾至今高挂塔上。更别说，1902年就踏查过应县木塔的日本建筑历史学家伊东忠太，在他发表的《北清建筑调查报告》中发出过"鬼斧神工非人力所能"的赞叹……木塔始终安静而低调地坚守着自己的孤傲。

命运的转折点，应在1932年。

那一年，归国后的梁思成无意中看到一位日本考古学家写的关于中国的考古报告，其中就有应县木塔。惊喜之余，梁思成担心木塔已成为重建的仿古建筑，于是在当时交通极其不发达的情况下，

"峻极神工"匾额

"天下奇观"匾额

他盲寄了一封信，收信人为"山西应县最高等照相馆"，内容是希望帮助拍一张木塔实物的照片。

20世纪30年代的应县经济落后，所幸，有一家宝华斋照相馆。虽不知这冒昧的写信人是谁，但老板高培华还是用心地拍了一张珍贵的木塔主体照片寄出了。

20世纪30年代的应县木塔

于是，便有了1933年梁思成一行的应县考察。七天中，他和他的伙伴们认真测量木塔的每一处，竟至双脚悬空攀上塔刹。梁思成激动的心情跃然纸上，他写信给林徽因，诉说自己的欣喜。就是这一次考察，惊动了整个建筑界。

之后，一批又一批的专家学者把求索的脚印留在应县。陈明达、李世温、张畅耕……为应县木塔的前世今生，他们几乎奉献了毕生精力。

大约，即使收到了高培华寄去的照片，梁思成还是不敢百分之百地相信木塔的存在是真的，特别是当他走进应县时，怀疑更甚了吧？他说："到达这座有城墙的城市时，天已黑了。这是盐碱地上一个贫穷的城镇，城圈里只有几百家土房子和几十棵树。但它自夸拥有中国至今仅存的木塔。"

梁思成正式前往木塔处，目光投射的一刹那，他的心情就激动得像汹涌的洪水无法阻止地要决堤而出。他说："我佩服极了，佩服建造这塔的时代和那个时代里不知名的大建筑师，不知名的匠人。"

应县木塔的建造时间目前还存在争议，张畅耕等专家更偏向于建于辽清宁二年（1056）。

11世纪的中国，是宋辽南北对峙的时代，是一个被唐风宋韵加持的年代，也是一个文化大融合的时代，异彩纷呈，又特色鲜明。

彼时，辽王朝经过圣宗掌政以来进行的改革和大力发展，已进入全盛时期，加上"澶渊之盟"与"重熙增币"捧回来的银钱绢帛，辽朝的经济实力大大增强。就在同一时期，各种文化都散发出璀璨耀眼的光芒，这也大大吸引着一直以来渴望积极靠拢汉文化的契丹人。木塔内发现的《契丹藏》，就是一部卷帙浩繁的佛教文化典籍。文化艺术不仅能够显示文明进展的程度，也是彰显实力的重要手段。

可以说，契丹人最初尊奉佛教是为了能够拓进中原，教化民众，只不过拥有超强生命力与适应能力的佛教最终将这个游牧民族俘获。圣宗、兴宗、道宗三朝崇佛之风日甚，皇室拨款支持刻石经、行香饭僧。兴宗更是受具足戒，同时大量兴建寺塔，进行佛事供养。

辽重熙十三年（1044），大同成为辽的西京，这使得大同周边地区的佛教文化随之兴盛，距大同七十多公里的应州深受辽统治者青睐，九位皇帝，有六位到过应州，自然也是佛教文化发展的重要区域。同时，应州的军事地位也进一步上升。

五代时期，石敬瑭割幽云十六州于耶律德光。此后，大致以恒山为界，应州地处宋辽对峙的前沿阵地。虽宋景德二年（1005）的澶渊之盟，使宋辽王朝各自获得了短暂的休养生息，但双方在军事上从未放松戒备。辽王朝创设西京，地控雁门，扼勾注西陉迤东十八要隘，距北宋代州不远的应州理所当然成为军事重镇。

历史选择了应县，应县也成就了木塔。

后周显德二年（955），后周世宗柴荣的灭佛运动，使佛门中许多大德高僧、能工巧匠逃向辽国与西夏，古丝绸之路上活跃着的佛寺建筑人才与当时应州良好的自然环境，共同造就了一座旷世奇塔。

伟大的作品必然诞生于一个伟大的时代，而一个伟大的时代必然是包容的，是海纳百川的，是充满激情的。

商务印书馆出版的《山西文明史》中有这样一段话："在民族融合的过程中，起决定作用的是文明，而不是血统，种族的歧视是暂时的，而文明上的融合则是永久的。"

应县木塔无疑是文明融合的一座丰碑。譬如木塔中的佛造像，继承了唐朝的典雅与端庄，吸收了宋朝造像写实的手法，同时又融入了契丹民族和北方地区传统的审美情趣和表现技法，在整体风格上呈现出多元文化融合的特点，展现出辽代造像独特的文化艺术风貌。再如塔内一层的彩塑大佛，双目微启，鼻梁挺直，唇边却蓄着石绿色的卷曲胡须，两耳不像一般佛像耳垂垂肩，而是戴着耳环，这是典型的辽风格；同时大佛身披三爪龙袍，又是典型的汉文化元素。

当然，应县自古为多民族交融之地，匈奴、鲜卑、突厥、沙陀等民族都曾留下自己的气息。一座塔的内里，蕴藏着无比丰富的文化密码。

"峻极神工"，难以复制的建筑典范

梁思成一再强调应县木塔的独一无二。他在《闲谈》杂志中，写过"古代完全木构的建筑物高到285尺，在中国也就剩下这一座，独一无二的应县佛宫寺塔了"。

佛宫寺塔，当然就是应县木塔，因其位于佛宫寺大殿前的中轴线上。

佛宫寺，原名宝宫寺，坐落于应县城内西北处，约于明代时改为佛宫寺。《应县木塔志》记载："这座寺院的形成年代最早可追溯至五代后晋天福年间，建成后又先后于辽清宁二年（1056）、金明昌四年（1193）重建或整修。先有寺院，后有木塔。"

中国最早的佛教寺院建筑布局，保持着以塔为中心四周配以堂阁的印度浮屠寺特征。到北魏中期，不少贵族官僚为求功德开始舍宅为寺，新的寺院风格形成了。隋唐时期，佛寺布局呈多重院落样式，沿中轴线由南向北分布数重殿堂，早期处于中轴线中心的佛塔渐渐被大殿代替，佛塔退居到次要位置。南宋之后，许多佛寺甚至已经无塔。应县佛宫寺应是现今国内少数遗存下来的以塔为中心建寺的例证之一。

塔是因寺而生的，塔的风华却慢慢地盖过了寺。

高达67.31米的应县木塔，八角楼阁式，纯木结构。塔基是外包砖石的夯土，分为上下两层，下为方形，上为八边形。塔身五层六檐，各层之间又夹设暗层，实为九层。

木塔开两门，一南，一北。

因为开门，我们得以管中窥豹，领略一下木塔不易被人知晓的结构。

佛宫寺

"砍倒黄花梁，建起应州塔"，应县至今都流传着这样一句话，可见木塔用料之多，光是支撑木塔主体的柱子就达312根，皆为辽代原物。应县木塔主体骨架采用双筒形结构，共由32根柱子组成，内圈8根柱子围成一个筒，外圈24根柱子也围成一个筒，将这两个直立的筒套装起来，柱头上用梁、枋等木构件交叉互连，稳固的网状结构层便形成了。

木塔的神奇还在于将双筒形结构分层叠合，完美地接续于九层之中。

接续的方法，是每个暗层的柱脚一字开口分成两瓣，骑于明层柱子上，而明层的柱脚则是十字开口，叉在暗层柱子上。然后，这些接口会用斗拱或是梁木再巧妙地连接，隐藏起来。

当然，在技术方面，还包括每层柱身大小不同比例的处理以及柱与柱连接时的内收数据的设定等，无一不烦琐、深奥，显示出古代工匠的智慧。

除此，一层比其他各层的外围多出二十四根红色露明柱。这些柱子绕塔一周，形成一圈外廊，廊上出檐，不仅使木塔一层的单檐变成双檐，多了灵巧之气，还能增强木塔底基的稳定性。

行文至此，我觉得自己表达的欲望一再受挫，就像看到一条路，起初是羊肠小路，越往前越宽阔，越往前，越看不到尽头，最后，道路竟然向四周无限延伸，变成没有边际的大地，我的文字再不能驾驭。

应县木塔以最古老、最高大、最壮观,建筑构件最多、技艺最巧、最坚固耐久而闻名。但每一个构件都不显多余,每一种设计都是锦上添花。

暗层的设计,从外面看是精美的斗拱平座结构,从内里看则是复杂而坚固的结构层,由梁、枋、栿、斜撑、斗拱等各种木构件相互结构,形成一个八角八边的井干结构。有人将暗层比成一根竹子的竹节,我觉着十分恰当。暗层就等于在整个木塔上增加的一道道钢箍,而各明暗层之间的斗拱和柱子组成的结构被称作柔体结构,或活动层,可以将外界的巨大作用抵消在木塔本身的运动中。

近年来,世界建筑界在对于抗震结构进行研究之时,这种刚柔结合的手法,仍在被吸收运用。

除此,木塔上的铁刹也可谓匠心独运。

《山西文明史》中称应县木塔的铁刹是一个典型的伞形离子发生器——"法拉第笼的上盖",最能代表山西建筑的避雷水平。

闪电其实就是电子流动的现象,这些电子会沿着一个最容易导电的路径从云层流向地面。用金属制成一个笼子,形成良好的流动通道,使电子只在金属内部流动,并不会对封闭于其内的任何物体产生影响,这个笼子就被称为"法拉第笼"。

法拉第笼由19世纪英国物理学家迈克尔·法拉第发明。

20世纪80年代,由国家自然科学基金会资助成立的"应县木塔避雷机制研究"课题组,经过研究和反复实验,认为木塔本身就是一个避雷装置。避雷装置不外乎接闪器、引下线和接地体。铁刹充当接闪器，而从铁刹上部伸出的分别系于塔顶八角的八条铁链就是电流的引下线。虽然在木塔构造上没有接地体，但塔身的木料和塔基的砖石都具有很好的电气绝缘性能，可以起到绝缘避雷的效果。

应县地处塞外，气候干燥，地下土层的干燥可以防止塔基与塔身受潮气的浸透与破坏。整个木塔则结构科学，尤其是塔檐伸出的长度与角度很好地保护了塔身，塔身在雨雪天气也不可能被完全打湿。尤为重要的是，那些来自黄花梁的古松木，自身具备强大的电气绝缘性，也使得木塔可以矗立千年。

古老的智慧，再次震撼了我。

铁刹上，莲座、覆钵、相轮等一应俱全。铁刹高 11.77 米，下部

匠心独运的塔刹

砖砌刹座高1.86米，上部高9.91米。

看到这些数字，我的思维瞬间活跃起来。木塔塔基下层为方形，上层为八边形，不正是"天覆地载"吗？上下阶基及月台处均有角石，上雕神兽，有学者考证似代表二十八星宿。在下层南月台前，还嵌砌着石雕的八卦图。

另外，一层与五层的斗八藻井均绘有五层太极图及后天八卦图道教标识。

八边的台基，八面的塔身，八边八卦的藻井，如此一看，木塔极像八卦护体。

那么，木塔明五暗四共九层，是否包含了易理的阴阳与九五的形态？

一座木塔，竟将佛教、道教及易理完美结合。

这座木塔，塔刹具有冲天锐气；塔身则端庄而深沉，充满东方气韵。远看，"一塔挂青天"，拔地擎天，气冲霄汉；近看，则"五十六丈摩苍穹，朱槛八面开玲珑"，俊秀庄严。

木塔塔身，所有构件均为木头，未用一颗铁钉。

五行之中，木代表生命力、希望与和平，主仁，性暖，亦有生发之德，其所对应的方位为东方。我泱泱中华乃东方大国，木塔建造者契丹人亦崇尚东方——大同华严寺坐西朝东即为例证，所以这木制的塔，就是东方美学的产物，具有审美价值，也充满情怀。

木塔的玲珑担当，应首属斗拱。

那环于塔身的十条斗拱带，美而繁复，散发着老木的陈香，有如在人间的混沌中开出的一朵朵莲花。

斗拱是典型的中国建筑元素，是中国古建大木作的当家花旦。可以说，没有斗拱的中国建筑是缺少灵气的。从柱顶一层层探出的弓形承重结构叫拱，拱与拱之间垫的方形木块叫斗，两者合称斗拱。斗拱按位置可分三类：柱头斗拱、补间斗拱和转角斗拱。

年代越久远的建筑，斗拱越大，用料越厚重，补间斗拱越少，少到只有一朵或两朵。越接近现代的建筑，斗拱越小，而补间斗拱增多。

应县木塔的斗拱达五十四种之多，是中国古建筑中使用斗拱类型最多的塔，故有"斗拱博物馆"之称。事实上，至2020年6月，据学者最新统计，应县木塔斗拱超过七十种。

无处不在的斗拱或内或外，或明或暗，斗拱连着斗拱，共有七百多朵。

它们或婉约，或奔放，或身姿挺拔，或娇俏可爱。特别是檐下的斗拱变化出多种形式。它们参差错落，气势雄浑；它们不施粉黛，本色苍劲；它们虽各有风采却又和谐统一；它们生动而美丽。阳光缓缓照过来，那朵朵斗拱花便金光灿灿，熠熠生辉，这奇妙的景观被人们称为"百尺莲开"。若再有几只麻燕飞来，轻轻落下，那景象更堪称和谐之美。

仰望这样的木塔，你眼里一定有光，心中有天地。

莲花般的斗拱

难怪，伊东忠太说："斗拱制度的多样变化来源于丰富的意匠，与我邦千篇一律、每层重复几乎相同的斗拱相比，孰优孰劣已毋庸赘述。"中国的应县木塔是世界级的传奇。作为中国历史上木构建筑的活标本，人们习惯性地将之与意大利比萨斜塔、巴黎埃菲尔铁塔一同称为世界三大奇塔，而应县木塔比这两座塔都要古老，文化价值不可估量。

"万古观瞻"，无处不在的艺术遗珍

不同于密檐式塔，作为楼阁式塔的应县木塔，内部也别有洞天。

塔内各层都装有可攀登的木梯，二至五层明间均在外柱外面用斗拱挑出平座钩阑，外围木栅。凭栏远望，连绵恒山尽收眼底，俯瞰桑干，水波粼粼，千秋过往如水而逝，真可谓"拔地擎天四面云山拱一柱，乘风步月万家烟火接层霄"。怪不得清人萧纲道："登临一凭眺，身世已乘风。"清朝人张开东道："呼仙子，招云鸿，我欲乘之八极凌虚空。"

梁思成当年站在塔上看全城，只数到了十四棵并不很高的树，而我在塔上，看到的是一只只灰色的鸽子随意地落在佛陀的头顶、肩上。一切都是那么自然、和谐、宁静。

如果在塔外仰望，你感受到的是木塔的雄伟壮观；那么在塔内，你感受到的则是四个字——慈悲静谧。

木塔套筒的两圈柱子，形成两个中空区域，是为内槽与外槽。内槽供奉佛像，外槽铺木板供人行走。

木塔内五层均塑有佛像。庄严、祥和、饱满，带着契丹人的果毅之气，也带着大气端庄的大唐余韵，更有几分宋王朝的自在疏朗。

时光如梭，那些塑像虽斑驳了，漫漶了，却依然还原了远去时代的审美，令人浮想联翩。

作为宗教重要载体的佛塑像，同样体现着那个时代的精神特点。辽代晚期，华严宗与密宗结合，故而第二、四层为华严三圣塑像，第三、五层的塑像则是密宗的典型体现。

而一层高达十余米的释迦牟尼端坐于莲花宝座上，是迄今发现

释迦牟尼像

结坛作法的佛像

的我国最高大的室内泥塑。

台湾学者赖祥兴认为，应县木塔是一部全世界仅有的立体佛经，是一座曼荼罗坛城，其建构空间及佛像布局象征胎藏界与金刚界所包裹的全部十方世界及时空。

曼荼罗，即结坛作法。

结坛，作法，念着护国的经咒。这是木塔内五层佛塑像整体体现出来的抽象意义。

声声梵音早已消逝在历史的尘烟中，那些曾被顶礼膜拜的塑像，近千年后褪去神秘的面纱，成为辽文化的组成部分，书写了壮阔的篇章。

916年，耶律阿保机顺利统一契丹八部，正式建国，称帝。但他不满足于现状，而是开始了大规模地开疆拓土。攻打渤海国就是他重要的战略部署。辽天显元年（926）正月，忽汗城内兵荒马乱，火光冲天，立国229年的渤海国在契丹人的铁蹄下灭亡了。只是，耶律阿保机也死在了归都的途中。国王壮志未酬身先死，但契丹王朝依然被幸运之神偏爱着。936年，一个叫石敬瑭的人为谋求称帝而将幽云十六州拱手相送契丹，这不仅扩大了契丹疆域，更像为契丹加快与中原的交会打通了道路。当然，正因如此，应县木塔的诞生也有了基础和条件。应县，即为当时十六州之一的应州。

之后继位的太宗耶律德光实行南北面官制，分治汉人与契丹人，并将"大契丹国"改成了"大辽国"，标志着契丹王朝开始进入一个新的历史阶段。

辽太宗之后，世宗承前启后，穆宗昏庸。等到景宗即位，辽国历史上赫赫有名的萧燕燕便随之登场，她是景宗的皇后。契丹女子同男子一样骑马射箭，自由奔放，她们广泛参与各种社会事务，所以萧燕燕在景宗在位时就参决军国大事，儿子圣宗即位后，她更是临朝摄政。圣宗是一位接受汉文化较深的统治者，在其母的辅佐下采取了一系列改革，大量吸收汉家先进经验，仿汉制下诏进行科举考试，广纳人才。在与北宋王朝的对抗中更是屡屡得利，澶渊之盟让辽帝国获得了战争的好处。大宋每年十万两岁币银、二十万匹绢的进贡大大充实了国库，将辽王朝带向了全盛时期。彼时，辽国疆域十分广大。

圣宗之后，兴宗好像是一个"啃老族"，执政二十四年，波澜不惊，无突破，亦无任何改变。在人们的印象中，让兴宗具有存在感的事和人，除了"重熙增币"，便是他的皇后萧挞里了。

史书上对萧挞里的描述是"性宽容"。她兼具少数民族女子的勇敢决断与中原女子的端庄贤惠，是历史上少有的贤后。每年宋朝及其他诸部送她的贺寿之礼以及其他贺礼，她几乎都赐给了贫困的人。兴宗过世后，耶律重元父子叛变，她披甲持刀，与儿子道宗一同从容应战，耶律重元战败自杀。之后的某一日，萧挞里梦见重元披头散发地对她说自己的骨骸在太子山北，不胜寒栗。萧挞里醒来后，便命人在重元的坟上建了一座小屋，替其亡灵避寒。

据传，应县木塔就是萧挞里为其父祈福而倡建，她的父亲是萧孝穆。木塔一层南门门额照壁板上画有三幅女供养人像，专家考证即为萧挞里与她的婆婆与儿媳，即萧氏一门三后。北门照壁板三幅男供养人像则是萧孝穆父子三人。

应县木塔因为萧挞里的故事而散发出更多的人性光芒与女性温暖。

大约萧挞里也不会想到，千年甚至更久，因为这座塔，她会被无数后人一遍遍念起。她所处的那个时代也成为世人更加全面地了解辽文化的一扇窗口，她倡建的木塔更是成了中华文明的重要记忆。

屹立于我们眼前的木塔本体已经足够惊人，而在木塔文物保管所保存着的七百余件馆藏文物也同样触动人心。这里有青铜器、铁器、陶器、瓷器、石器、骨器、化石、经卷、字画及其杂项十几个种类。1974年，在维修木塔时，人们先后从第四层和第二层主像内发现了一批国内罕见的辽文物，其中有辽藏12单卷，刻经35卷，写经8卷，杂刻、杂抄28件，佛像7幅，还有七珍和佛牙舍利。

在此以前，辽藏被称为"虚幻的大藏经"，辽藏12单卷的发现，填补了辽版大藏经的空白，世界上没有辽藏传本的历史宣告结束。秘藏中的7幅绘画作品均为民间画工绘制，保留了浓厚的唐、五代时期重彩人物画的遗风。彩色套印则是空前的发现，对于研究辽代绘画史、版画史有着相当重要的价值。

山西省境内寺观壁画占全国寺观壁画遗存的70%以上。木塔内也有壁画，壁画主要分布在一层内外槽墙壁和内槽门额之上，有辽金时原作，也有历代修补重新彩绘或覆盖重画的，基本保存完好。壁画题材广泛，有佛像、弟子、护法、金刚、飞天图等。

新发现的两颗释迦牟尼佛牙舍利，更是轰动了整个佛教界，被称为佛家至宝。2006年以来，国内外许多高僧大德专程到应县木塔瞻仰，佛教学术界或通过高层论坛，或通过联合考证，产生了《应县佛宫寺释迦塔佛牙舍利》《释迦塔辽金佛教与舍利文化》等一批研究著作。

作为中华民族精神图腾的龙的图像也出现在木塔内外，并且纷繁多样。龙纹图多到2294个，其内容之丰富，形式之多样，造型之生动都属全国罕见。

现今已经968岁的应县木塔，并不是一座单纯的建筑物。

如梁思成所言，我们始终要感谢那个时代以及那个时代中的建筑师与工匠。当那个时代成为过去时，那些珍贵的东西更应该传递给后世。传承真正具象化了，文明才不会消逝。

木塔二层外檐北面有一块"中立不倚"匾，本指塔高大笔直，蕴含着儒家的端正伦理。但是很奇妙，应县木塔恰好不偏不倚地处于晋北文化旅游黄金圈的中心区域。应县木塔东有恒山、悬空寺，东南有五台山，北有云冈石窟，西北有杀虎口，西南有朔州老城。在纵横交错的时空中，它们一同展示着塞北风情和中华文化。

何况木塔向东五百多米处有净土寺。被梁思成盛赞的"应县三

净土寺金代天宫藻井

宝"除了应县木塔,便是净土寺的金代天宫藻井与披头散发的辽代石狮。

这样意蕴非凡的牌匾,木塔现悬52面,另有楹联6副,皆为历代帝王将相、官员绅士、佛门弟子及名人雅士所留。

应县木塔的每一粒木屑大概都是不同凡响的吧。

兴宗之后,辽王朝开始衰落。应县木塔背负一身沧桑与磨难,为辽王朝留存下最耀眼的光芒。

"在纸页上,中国文字不再带有刀凿斧刻的硬度,而是与水相结合,具有了无限舒展的柔韧性。"祝勇在《故宫的风花雪月》中有这样一句话。应县木塔同样走入了纸页,那里记载了它的挺拔与辉煌,然而历史的缝隙中却留下了它的病痛与苦难。

历史上，应县木塔先后经历对本体有显著影响的地震40余次，经受烈度7度以上的地震2次，烈度6度的地震6次，烈度5度的地震9次，烈度4度的地震20余次。元大德九年（1305）与明天启六年（1626）两次地震最厉害。天启六年，灵丘觉山寺中除辽代砖塔外，其余建筑几乎全部被毁，应县木塔却岿然不动。

1926年，冯玉祥国民军第五军方振武部与晋军在应县交战，木塔上被炮轰二百余弹，累累弹痕至今犹在。

现在，木塔的二层和三层全层向东北方向水平扭转，尤以三层最为严重，但它依然顽强地傲立在晋北大地上。

郑孝燮称："从建筑艺术上看，中国的塔是最美的，是独一无二的，北方塔浑厚，厚重之感很强。应县木塔气宇轩昂，直至天宇，是人文上的杰作。它体现了北国风光的气势。"

"仰之弥高"，默然不语的神秘

"如峰拔地耸霄雄，万木桓桓镇梵宫。"冬日，洁白的雪花一片片往下落，落到铁刹，落到飞檐，落到铃铛上。塔前的两棵槐树白了，甬道白了，大地白了，唯有赭红色的塔身被层层飞檐保护得很好。整个木塔像皑皑白雪间独行的禅僧。

我静静地伫立于木塔前。

仰望，沉思。

一座建筑物怎么可以美得如此让人震撼？神秘得让人无法参透？那一棵棵粗壮的大树何以变成了这千古一塔？

我想，我始终没有读懂木塔，我会一直去读它。

永乐宫

续写八百载艺术辉煌

_李云峰

　　山西永济县（今芮城）的永乐宫壁画是最近几年里发现的最好的古代壁画之一。其风格的高超生动，人物的传神达意、千变万化，题材的丰富多彩无所不有。值得我们美术家们、画家们、历史学家们加以深入细致地研究。这是一个有绝对年代可考的壁画，而且壁画作者们也自置其名于其作品上。在中国美术史或绘画史上平添这灿烂光明的几页或几十页的记载。不是一件小事！

　　——中国作家、文学史家郑振铎《永乐宫壁画》

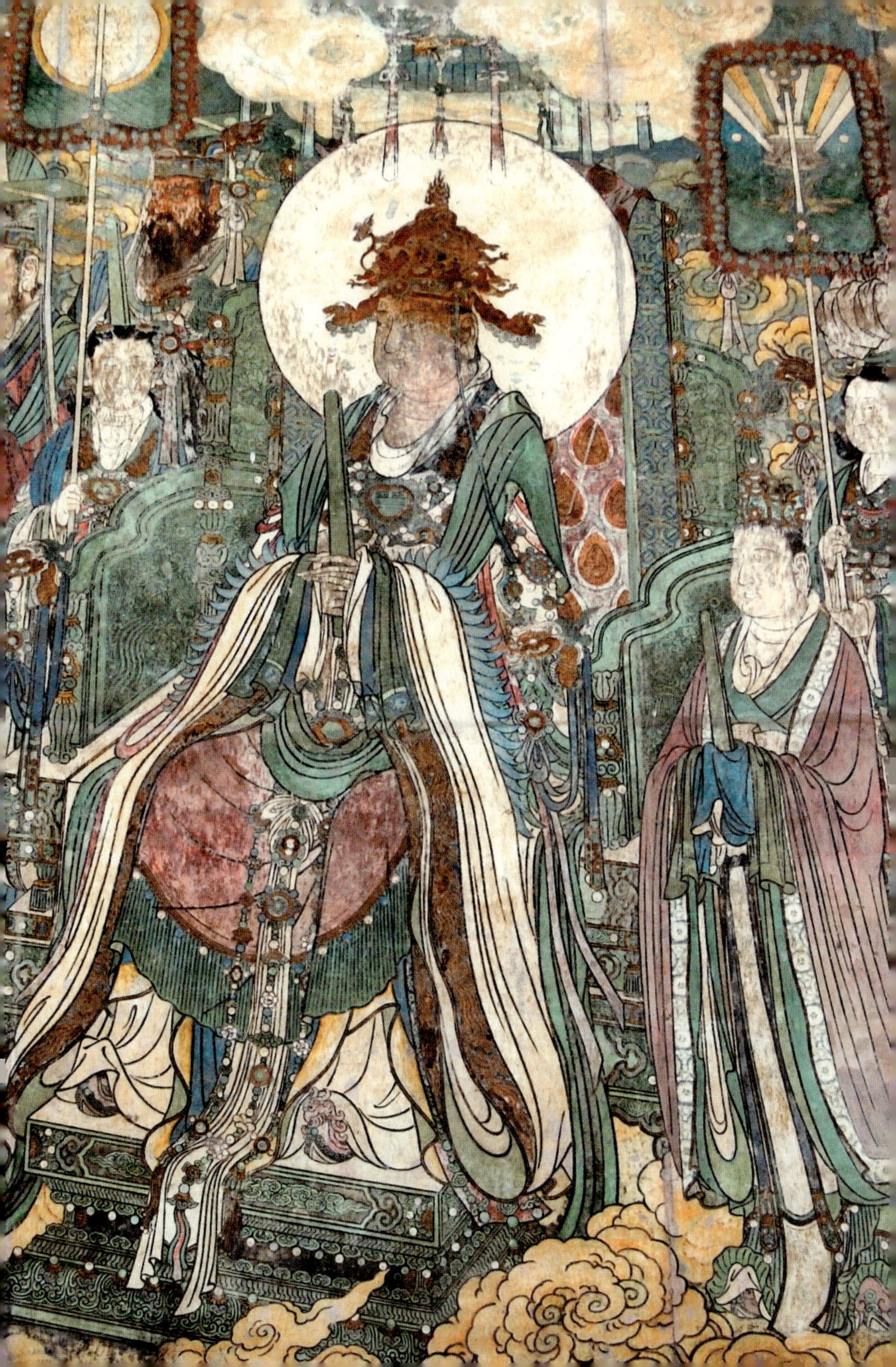

夕照中的飞檐

1957年秋，一个留小分头、挎120照相机、身穿劳动布衣服、脚蹬解放胶鞋的年轻人，行色匆匆地来到位于中条山南侧黄河北岸，时归山西省永济县管辖的永乐镇。镇子东边的峨嵋岭下有一座道教宫殿，他此行的目的地就是此处。

周边的蒿草几乎与人齐高，看不到路。他拨开蒿草，探过半个身子，前方的大殿形象渐渐清晰起来。之间阻隔的两道土墙只剩下了断壁残垣，孤零零地伫立在瑟瑟秋风中。

没有香客，没有道长，没有道事钟声，大殿外的石狮子头被雨水淋刷出斑斑驳驳的痕迹。当他踏过长满荒草的大方砖台阶，一脚跨进无极殿的门槛时，刹那间置身于另外一片天地。

密布于大殿四壁的身高都在两米到三米的将近三百尊神仙画像，以摄人魂魄、排山倒海之势突兀展开，扑面而来！那骇人的阵势，令年轻人如坠云烟雾海一般，忍不住打了一个激灵。他的脑海里立即浮现出自号青莲居士的诗仙李白《梦游天姥吟留别》里的诗句：

青冥浩荡不见底，日月照耀金银台。

霓为衣兮风为马，云之君兮纷纷而来下。

虎鼓瑟兮鸾回车，仙之人兮列如麻。

这神仙阵势既摄人魂魄又祥和愉悦，栩栩如生的壁画人物由古旧斑驳的色彩和线条呈现出来。只见那四米多高的壁画上，一条神仙的衣带贯穿上下，蔚为壮观。眼前鬼斧神工般的画面，让年轻人仿佛置身于千百年来多少人梦寐以求却难以企及的仙界神境中，远离了喧嚣的尘世，魂灵瞬间获得忘乎所以、逍遥悠游的奇妙感觉。

面对，始料不及

年轻人叫柴泽俊，二十三岁，英俊潇洒。这一年，是他涉足古建筑领域的第四个年头。年纪轻轻的他此时已是在五台山主持修复古庙工作的专家级别的文博工作者了。十天前，他接到山西省文物管理委员会的任务："小柴，国家要搬迁永乐宫，你先去考察一下吧。"他便立即背上装有相机的黄色帆布军用挎包，一路风尘，匆匆赶到永乐古镇，于是，始料不及地见到了令人惊叹的硕果尚存的艺术瑰宝。

眼前这座永乐宫，是在1952年新中国第一次文物普查时意外发现的。重新进入世人视线、拥有建筑和壁画双重价值的元代道教宫殿，很快便震惊了文物界、考古界和美术界！

正当各路专家学者你来我往，从这座艺术殿堂里发现、汲取着各自所需要的宝贵营养之际，国家已经做出决策，在黄河晋、陕、豫三省交界修建黄河三门峡水利枢纽工程，治理黄河水患，为下游提供电力资源。位于淹没区的永乐宫该怎么办？难道就眼睁睁地看着这座发现不久的艺术宝库，让河水淹没，成为永远的秘密吗？

经济建设重要，文化建设同样重要。出于对这座艺术宝库的无比珍视，国家做出了一个在当时看来前无古人的非凡决策：整体搬迁永乐宫。

肩负重任的柴泽俊走出无极殿，在紧邻其后的两座同样破旧的单檐歇山顶形制的纯阳殿和重阳殿中，《钟离权度吕洞宾》《八仙过海》和两铺同样精彩的连环形式的故事壁画，再次令他叹为观止。

柴泽俊还找到了刻立于中统三年（1262）的记录永乐宫建造始末的《大朝重建大纯阳万寿宫之碑》。碑文记述所建之宫"曰无极以奉三清，曰混成以奉纯阳，曰袭明以奉七真。三师有堂，真官有祠"。"真官有祠"，应该就是丘祖殿的前身，但在丘祖殿的位置上仅发现一对石狮子，空留一片废墟。

返回太原，柴泽俊又在《蒲州府志》的《永乐宫图》上，重新看到了永乐宫——主轴线上，由南向北，依次排列着大门、龙虎殿、三清殿、纯阳殿、七真殿，还有那座已经消失了的第六座殿宇丘祖殿；西侧有一组以吕公祠为中心的建筑群。这就是永乐镇当年曾经规模宏敞的永乐宫。

永乐宫　续写八百载艺术辉煌

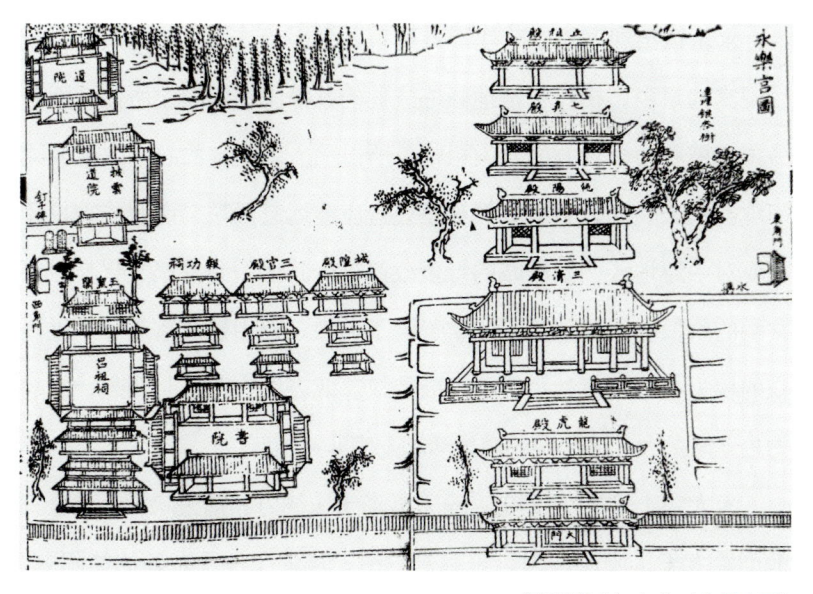

《蒲州府志》上的《永乐宫图》

原无极殿

135

永乐镇出现了这样一座道教建筑，是因为这里是八仙人物之一吕洞宾的家乡，相传也是他修炼成仙的九峰山纯阳洞之所在。因为吕洞宾被尊为全真教的开山祖师，所以后人就把他的故宅改建成纯阳观。南宋晚期，全真教领袖丘处机应邀远赴西域，说服成吉思汗改变对中原地区残暴屠城的野蛮政策，令其认识到儒家文化与中原文明的价值，于是他被赋予掌管天下道教、自由建造宫观、广收徒众的权力，为全真教争得了发展特权。北方的宫观一时四起，影响力也逐渐扩大。纯阳观的道事活动一度非常活跃。

元太宗十二年（1240），全真教道士宋德方在前去陕西会葬全真教创始人王重阳的途中，来到永乐镇，拜谒了位于东郊的纯阳观。看见纯阳观荒芜狭窄、无人修葺、残破不堪的景象，他当即召集本镇的道侣，表示要光大纯阳祖师之遗风，并谋划把纯阳观改建成纯阳宫。

这一动议，得到了新掌教李志常的大力支持。

乃马真后三年（1244）冬，纯阳观被野火延之，一夕而尽。《大朝重建大纯阳万寿宫之碑》说这是"革故鼎新之兆"。李志常当即向元廷提出把纯阳观扩建为宫的请求。第二年，元廷进封真人吕洞宾为"天尊"，敕令将纯阳观"升观为宫"，命名为"大纯阳万寿宫"。

元定宗二年（1247），在冲和真人潘德冲的主持下，永乐宫动工兴建。无极殿、纯阳殿和重阳殿相继落成，这里又恢复了斋醮等道事活动，成为全真教宣扬教义的场所。此时，发生了阻碍永乐宫继续修建、关乎全真教兴衰的重大事件——佛道廷辩。元廷信仰和支持藏传佛教、贬抑道教的态度，使道教发展遭到沉重打击，永乐宫的建造也被迫停了下来。元成宗即位后，宣布解除对全真教的禁令，永乐宫的修建才得以重新进行。永乐宫真正完工的时间是1358年，时间竟然长达111年之久。

至大三年（1310），元武宗又加尊"全真五祖"为帝君，"七真"为真君，丘处机弟子尹志平等十八人为"真人"。全真教到达鼎盛时期，作为其三大祖庭之一的大纯阳万寿宫，宗教艺术成果也驻留至今。

多年后，柴泽俊依旧唏嘘不已："那会儿也是个莽汉子，现在要让我干我还得考虑再三呢，那会儿真是年轻胆大。"

在考察期间，他就听当地人讲过一句民谣，意思是鲁班爷盖起的永乐宫，后人如果要想拆掉，或者是再盖起来，"胜吾者添木三根，不胜吾者去木无数"。他表示：以榫卯结构连接的中国古代木结构建筑，在原理上可以做到拆开重新组装，可是要想把大面积壁画揭下来移走，再重新安回去，还要做到不损坏，这在当时，"国内没人干过，也没人敢干"。而要迁移永乐宫，重中之重就是用什么样的方法才能取下这些壁画。

当时，真没有人知道答案。

先把壁画临摹下来

1957年后半年，国家请来了洋老师——两名来自捷克斯洛伐克的专家，希望可以借鉴欧洲的壁画保护技术，来揭取我们的壁画。

带领他们参观、认识、了解永乐宫壁画，是首要工作。

约1005.7平方米的元代壁画，主要分布于龙虎、三清、纯阳、重阳殿内。壁画采用传统的中国工笔重彩形式完成，从风格上可分两大类。龙虎殿、三清殿内的壁画风格相似，使用的是富有装饰性的重彩勾填法；纯阳殿和重阳殿内的壁画多描绘富于生活气息的连环故事。永乐宫壁画的精华，是三清殿内的《朝元图》，作者是元代画家马君祥及其弟子们。《朝元图》描绘的是道教天神地祇朝拜元始天尊的情景。长达95米的壁画中，286位神仙人物向着一个方向朝拜，人物前后排列达四五层之多，彼此相互交错，井然有序，整个壁画场面壮阔，气势恢宏。威严肃穆的帝君、安详凝重的王母、端庄秀丽的仕女、骁勇剽悍的武将、天姿绰约的玉女……画师们用道劲流畅的神来之笔，将这些形态各异、神采飞扬的神仙形象勾勒得细腻传神，呼之欲出。《朝元图》无论从场景、构图，以及笔墨的变化，都充分反映出中国传统壁画艺术创作的最高水准，是表现中国气魄、中国风范的伟大艺术。

面对中国人画在泥皮土墙上的壁画，两名专家除了提出西方那种用化学药水软化粘取的方法之外，也拿不出更好的办法。至于揭取壁画的办法到底行不行？他们也没把握。

更让人头疼的是费用和时间。知道了这批珍贵的壁画急需迁移的迫切性，两名专家不但要出了高昂的报酬，更开出了天价预算——仅将壁画揭取下来，预算费用就是两百万元，整体搬迁工程预算则为五百万至一千万元。这个数字按照当年山西省的财政收入来讲，约等于当时晋南地区全年总财政收入的一半多，近乎一个天文数字！而专家的条件远不止这些，他们还向中方提出，要十五名工程师级别的人当助手，要修一条柏油马路，要盖专家楼，要吃面包、喝牛奶……在当时，这些条件都很难办到。更何况他们承诺的揭取时间至少两年以上，完成之日严重滞后于迫在眉睫的水库蓄水时间点，一点也不现实。

面对这样的局面，周恩来总理在国务院召开的三门峡蓄水工程专项会议上特意提出是否可以自己解决问题，国家文物局局长王冶秋把这个问题交给了中国古建人员。

很快，一支由全国各地技术人员组成的永乐宫迁建委员会成立了，柴泽俊等一批平均年龄不到三十岁的古建领域的后生，承担起永乐宫整体搬迁工程的重大责任。这群年轻的"土人"要办"洋事"了，要让七百多岁的大纯阳万寿宫在自己的手中搬家了。

柴泽俊回忆说，办这件事情的最大难题，是如何将几座大殿里面的精美壁画完好无损地成功揭取和搬迁。壁画绘制在沙泥灰质的墙壁上，本身就很脆弱，又历经几百年寒暑，黏力和刚度大减，极易损坏。"壁画的搬迁,可以说是一点把握都没有。如何搬过去再复原起来?当时真的很茫然,觉着没办法。"他说。

因为壁画原来的粉本早已不知所踪,所以在还没有想好拆割壁画之前,大家认为应该先临摹下壁画,将来在迁移当中一旦有什么闪失,也好有恢复的依据。柴泽俊特别强调,要完全体现壁画的现状,就要求画家们在自己的临摹作品上展现做旧的功夫,把对建筑、器物等"修旧如旧"的维修原则,延伸到亦属于建筑物组成部分的壁画上。画家们不但要将壁画临摹得形神兼备、准确无误,还要做旧到足以乱真;同时还决定留存影像资料。

1958年,美术界的精英潘絜兹、金维诺、王曼硕、王逊、阎丽川等大家来了;中央美术学院和美院华东分院国画系高年级的六十多名学生也陆续到达了,带队老师有陆鸿年、叶浅予、邓白等国画大师。他们的任务就是将一千多平方米的壁画按照原样临摹下来。

临摹工作持续了近一年。当时参与临摹的国画大师蒋采苹回忆:"本来简单的办法就是用玻璃纸啊,从那个原壁上拷贝下来,然后再拷贝到宣纸上就可以了,这是最简便最准确的一种办法了。但是因为大家都心疼这些国宝壁画啊,生怕拷贝的时候,铅笔也许会戳个洞啊,或者给它蹭掉一点呀,不忍心给它损坏。这样就采取了一个办法,就是先照照片,黑白的,照完那个负片呢,黑线的地方不就是白线嘛,然后用幻灯打到我们需要临摹的纸上,我们再照原壁画去修改。"

为了尽可能让临摹品接近原作，壁画传统世家出身的王定理，专门负责对颜料把关。为了得到接近于原壁画颜色的颜料，王定理找北京当时的颜料老艺人，又到古董店去找。在当时的永乐宫里，到处弥漫着纸张和颜料的味道，工地上的气氛既紧张又兴奋。

绘画的师生们发挥了充满创造性的摹写本领，为我们留下了一套精彩完整、准确生动、纤毫毕现的永乐宫壁画摹本。它们现在被收藏在北京故宫博物院，成为集体创作完成的当代国宝。

非常年代的非凡创举

当画家们挥汗如雨进行临摹的时候，国家文物局委派祁英涛先生负责永乐宫的搬迁工程设计兼施工指导，并成立了由二十八人组成的迁建临时委员会。负责施工的柴泽俊与李春江，与其他人员一起全力攻克着搬迁壁画的难关。

当时，在从各地汇集而来的技术力量中，有很多是上了年纪的高级技师。让柴泽俊这群不到三十岁的"娃娃"领导这些"老人"，真不是件容易的事。柴泽俊回忆："大家都没有经验，每天开会就是想办法，老先生传下来的，民间传说的，自己想出来的，都试，试完了再想，谁说的对就听谁的。"

工地上没通电，晚上各个工棚都点着马灯，图纸铺了满地，大家就蹲在地上开会，有时候就坐在图纸上。一个接一个说，然后争论，真是动了百样脑筋。

柴泽俊为了弥补不能回家帮助妻子带孩子的内疚，让人帮着把才几个月大的小女儿抱到芮城，请工地附近村里的老乡代为照护。同事们经常看见他用钢笔或算盘顶在胃部或肝部解痛，那是他长年在野外工作饮食不规律留下的毛病又发作了。

与此同时，在北京，祁英涛带着一群年轻人，研究着揭取壁画的方案，决定根据一些流传下来的中国传统壁画技艺，如将中药材白芨草熬成汁，充当黏合剂用来加固壁画。柴泽俊也和山西的古建筑技术人员在太原郊区的芳林寺进行着有关揭取壁画的尝试。在那个青春洋溢的年代，柴泽俊依稀记得，自己常常在屋里一待就是三四天，做着各种试验。

要想最大限度地保存壁画原貌，最好的办法是将之割下来。外国人盗取中国壁画时，就是将壁画平均分割成0.3平方米的小块。而永乐宫四座大殿内的壁画，都以人物画为主，尤其是无极殿壁画，群像排列，人物密集，上下重叠达四五层之多，平均分割必然会损伤人物脸部。经过反复勘察研究，工作人员决定根据画面情况，从不重要的画面部分开缝3—5毫米，将之切割成2平方米到10平方米大小不等的切块，大家风趣地说这是在搞"壁画拼图"的发明创造。

对于总面积一千多平方米的壁画而言，这就意味着劳动难度成倍增加，随后的包装和运输也因壁画每块尺寸不一而必须"一画一包一运"。但是为了最大限度地确保壁画的完整性，他们愿意这样做。

1959年3月，永乐宫新址确定在芮城县北郊约三公里处。位置仍然坐北朝南，背靠战国古魏城遗址，古城墙遗存依稀可见；西北方向有唐代建筑的五龙庙，泉水淙淙，风景幽雅。

山西省永乐宫迁建委员会成立了。根据"既要适宜保护文物，又便于古为今用"的原则，专家慎重决定施工方案，带领北京和山西古建研究所的工程技术人员及四百多工人，正式开始了搬迁工作。

这是一项大工程，首先得从壁画破题。

没有现成的工具，柴泽俊等人就带着工人师傅进行"自创发明"。在今天的永乐宫新址西侧的吕公祠院内，有一个永乐宫拆移展览室。在室内最突出的位置上，摆放着几个"奇形怪状"的物件，它们有的像椅子，但座位中间是空的，里面装着齿轮；有的像磨盘，却是木头的，上面挂着锯条。

解说员有些尴尬地说："我们也不知道这些工具应该叫什么，当年就是用它们将壁画从墙上割下来的。"

提起这些玩意儿，柴泽俊爽朗地笑了，告诉记者："还真就没名字，当时是边切边改造，好多东西前一年和后一年用的都不一样。我们当时也是瞎叫，像这个有大轮子的，我们就叫'偏心轮'。"当时工地上没电，所有的设备都是手动的。所谓偏心轮的使用法，就是运用火车机车车轨的偏心轮原理，在大轮子的一端固定好锯条，另一端一个人手摇，以此割开壁画后面的墙体，将壁画从墙上揭取下来。除此之外，民间用的大锯、铁锹、小铲子都被改造成适用的

揭取壁画的工具"偏心轮"

壁画揭取工具。甚至连"起重机"也是自造的，把轴承、滑轮固定在木头床架上使用。"怪不得人家说我们是'土人'呢，都是土办法啊！"

在揭取壁画的过程中，大家还张贴出"和黄河水赛跑"的标语，斗志昂扬地保证要在三门峡水库蓄水之前，完成壁画的全部揭取任务。就这样，工程技术人员和工人白天晚上加班干，连轴转，用了仅仅三个多月，就把一千多平方米的壁画分割成341块大小不等的画块，并成功揭取下来，将之安置在特制的木箱内。

面对堆放在库房里的一个个大木箱子，迁建委员会的所有成员又犯了难。当时，从永乐镇到新址之间，没有公路，也没有搬运设备，整个晋南专区政府都没有一辆可以运输的汽车。在那个年代，二十五公里就是一个遥远的路程，况且运输的是珍贵的壁画。怎么办？

当地政府部门迅速行动起来，组织路边的村庄集镇的人员，让他们负责各自的地段。很快，一条通向永乐宫"新家"的平整的五米宽的黄土道出现了。

柴泽俊率领十多名工人，用小平车拉着一块壁画走上了这条黄土专道，进行实地测试。一路上，什么地方需要保护措施，过桥怎么办，过泥路怎么办，他都清清楚楚地标记下来。去来一趟就是一整天。这样实地测试了七次，终于测出了永乐宫的"搬家路"。

但这样的运输效率太低了，库房里的壁画包装箱堆积如山，院子里拆卸下来的建筑材料同样堆积如山，根本无法按时完成搬运。得知这一困难的时任山西省省长卫恒，亲自赶赴工地调研，雪中送炭，调来四辆苏联产的嘎斯小货车。

为了解决壁画切块在运输途中或装卸时容易被震坏的问题，柴泽俊要求工人将揭取下来的壁画及时包装好，按画块规格大小用木板装订，用板夹牢牢固定，再用棉花或木屑、纸包填满箱框空隙，然后按照编号和修复的顺序将壁画妥善存放。迁运时在确保万无一失的情况下，工作人员把捆紧的画框放到车上，塞牢车内空隙，又在下面垫弹簧卡，减轻震动。他们还在车的马槽上用钢卡和横杆加以固定，最后用长螺栓上下贯固。车启动时轮胎气压减低，缓缓前行。为了解决车厢与地面两米高的落差可能导致壁画受损这个问题，大家专门在地上挖了坑，地面与车厢齐平，车先驶进坑内，然后将壁画平行装和卸。经过如此谨慎的操作，搬到新址的一千多平方米的壁画无一受损。

永乐宫的复修工程，正赶上20世纪60年代初的三年困难时期，国家的财力物力都十分紧张。然而就是在这样的非常时期，永乐宫搬迁工程在政府的支持下继续进行。

　　纪录片《神宫搬迁记》里有一个长镜头，展现恢复无极殿的画面，真实再现了当时的场景，以及参建人员的精神面貌，让观者有一种时光倒流、身临其境的感觉——在长长的通道上，往返着步履匆匆的工作人员；在一层层纵横交错的脚手架间，是各司其职、专注操作的工人；在地面上，是手捧图纸确定各种建筑构件所处部位的技术人员；有人从工地跑出来迎接前来探望的妻儿，又有妻子带着孩子挥手目送登上汽车准备出发的丈夫……

永乐宫搬迁影像资料

在修复工程当中，几座大殿的榫卯、斗拱等建筑结构复杂繁多，无论是拆卸还是重新组装，一不小心就会发生方位上的错乱。但是在柴泽俊看来，这些都可以通过认真标记来解决。相比之下，他认为壁画的加固修复工作，仍然是最为复杂的工序，非常棘手。

由于永乐宫壁画是绘制在土坯墙外表的砂泥壁面上的，分块揭取下来搬至新址工地后，再原位安装上去，恢复原来的整体面貌，是十分繁重细致的任务。祁英涛、柴泽俊等人加班加点，终于摸索出切实可行的复原方案。

绘制画面的泥壁，由三层不同材料组合而成，紧依土坯者为麦秸粗泥，中为细泥，外压抹砂泥壁一层，共厚4—6厘米。麦秸泥比较松软，砂泥壁较为坚实。加固时，先将切割后的画块背面的麦秸泥铲去，仅留细泥和砂泥壁面，厚约1厘米，用胶水将泥层予以加固，然后加抹用酒精溶解漆片拌和的一层砂泥，厚至2厘米即可。两层泥之间，粘贴一层白色包装布，作为连接物。加固的画块干透后，壁画耐压力比加固前增强二十倍。

加固后的画块不易和土泥墙粘连，工作人员又通过论证，决定将原来的土坯墙构造改制为空心加层墙，即在墙内增设木骨、木柱和横杆，作为安装画块的骨架。画块背面粘连方格式木框，用螺栓、弯钩等各种铁活将画块按照原来位置与骨架相连。其间的空心通道，技术人员可以随时进行维修，遇到灾害、战争等非常情况，可将画块在短时间内做到拆卸转移。

最后，画家潘絜兹带领山西大学艺术系学生王朝瑞、陈巨锁等十余人，承担起将壁画修复如旧的任务。查阅由祁英涛、柴泽俊和吴克华三位迁建专家撰写的《永乐宫壁画迁移修复技术报告》，读到那些具体详尽的材料、数据等，很想抄录下来，因为正是这些抽象、乏味、枯燥的文字，隐藏着迁建者所进行的无前例可循的艰辛的研究和探索。正是他们点点滴滴、一丝不苟的付出，今天，我们才能看到依旧巍峨壮美的永乐宫，才能站在大殿里欣赏那一铺铺光彩照人的壁画，感受艺术的魅力。这些为永乐宫的迁建付出智慧和心血的人，是中国艺术保护史上的功臣。诚如这篇报告结尾写的那样，前所未闻的壁画迁移、加固修复工程，揭开了我国古代壁画保护的序幕。

因为迁建工作成绩卓著，柴泽俊接到文化部特邀，作为永乐宫迁建代表，走进庄严的人民大会堂，参加了1960年全国文教群英大会。

曾著有《中国美术史略》的阎丽川先生，在考察了永乐宫的搬迁成果后，赞曰：

往去今来二十年，惊呼吕祖已乔迁。

数遍天神三百六，不残不损尽开颜。

1961年，迁建后的永乐宫被国务院列为国家一级重点文物保护单位，1979年7月正式对外开放。1998年，为建筑史书写下辉煌篇章、为美术史增光添彩的永乐宫，被列入世界文化遗产预备名录。

风采依旧展新颜

在拆迁大殿建筑的过程中，人们发现许多梁架椽檩上面都标注着捐献者的名字与所捐实物的记录，这说明永乐宫是由群众集资修建起来的。大殿上的梁枋题记与现存的石刻碑文相互印证，也告诉我们，永乐宫在明清五百多年间，不但于清代增修了现在的宫门，还进行过许多次大小不等的修葺。清代举人张清宦的重修碑记，不但记录了清末民众因财力窘迫而力不从心的尴尬与无奈，更记录了对后来者继续保护神殿的期许："天道每三十年而一变，后之视今，犹今之视昔，勿使斯宫倾圮，是所望于将来者。"

永乐宫新建大门

俯瞰永乐宫

2014年,"将来者"之一的柴泽俊再次来到永乐宫,面对自己和同道们用整整八年时间为永乐宫搬迁恢复起来的这个"家",他感慨万千,说可得好好地再领略一番由他们这群"土人"一砖一瓦、一椽一檩、一块壁画一块壁画重新恢复的神殿风采——

他发现,安居在古魏国遗址近旁的永乐宫外围布局,与当初刚恢复时的面貌已经大不一样。进入景区大门,路过文瀛湖和遇仙桥,在南北长五百米的中轴线上,五座古建筑巍然矗立:宫门、无极门、无极殿、纯阳殿、重阳殿。景区西部有民俗博物馆、吕公祠、王母娘娘殿等,东部有真武庙、石牌坊、聚仙园、吕祖坟等。整个景区建筑面积八千余平方米,规模宏大,布局有序。

跨过清朝建造的大门门槛,一眼就望见几十米开外的无极门(龙虎殿)那雍容沉稳、舒展包容的建筑风格。当视线透过无极门的门洞,再次领略以绿色琉璃瓦为主色调,同样雍容沉稳、舒展包容却更显壮阔博大的无极殿(三清殿)时,联想到大殿墙壁上通铺的道教众仙,柴泽俊感到一种从容安详、超然物外的气度。纯阳殿和重阳殿,也都以更加完整的元代建筑面貌重新屹立在各自应有的位置上,这是当年他这位年轻的古建专家和拆建功臣们给历史呈交的一份沉甸甸的答卷!

作为大殿当中灵魂一样的存在,壁画自然是重中之重。柴泽俊手捧郑振铎先生当年对旧宫殿壁画的描述之作《永乐宫壁画》,与眼前还原复位、恢复原貌的壁画一一对应,自己第一次踏入无极殿时

151

的情景恍然重现。他感觉满壁的神仙们都齐刷刷地望着他。现在的他，对这些壁画人物与故事，自然都了然于胸——

在无极殿东壁上，左右端坐着主神玉皇上帝、后土皇地祇。在他们的周围，追随着四渎五岳——长江、黄河、淮河、济水和泰山、嵩山、华山、衡山、恒山，福禄寿三星君，山川之神扶桑，地府主宰酆都大帝，文化人最为崇敬的文昌神，头冠十二属相形象的十二元神等各种神灵。壁画体现了中国民俗文化当中皇天后土统驭天地人间的观念。在对面的西壁上，则端坐着高大的东华上相木公青童道君、白

无极殿北壁西段《朝元图》壁画

玉龟台九灵太真金母元君,也就是我们民间俗称的东王公和西王母。簇拥在他们左右的神仙们,有地位高贵的十位太乙神和佩戴着不同卦符之冠的八卦神,有风伯雨师、雷公电母及雷部诸神十尊,有文字神仓颉和儒教祖师孔子,有天猷、真武,他们对应着东壁的天蓬、黑煞……

安置在几位尊神像前面的七宝炉、金莲、三光、玉华、慧灯、香山、蓬莱等醒目饰物,正是全真教派创始人王重阳开创文登七宝会、宁海金莲会、福山三光会、蓬莱玉华会、掖县平等会等的功绩象征物。它们才是恢宏巨制《朝元图》绘制在永乐宫的原因所在,那就是要昭告天下，全真道派是道教最为正统的传承者。

　　纯阳殿里的独幅主题壁画《钟离权度吕洞宾》，是此处最大最重要的一幅画作。描述的是吕洞宾暮春游于沣水，偶遇钟离权接受度化入道的情景。画面背景是古朴典雅的高山流水与青松长藤，画面中心的石台上，钟离权和吕洞宾对坐着。钟离权身着天蓝色衣袍，赤脚芒鞋，胸怀袒露，肤色黝黑，须髯飘动，逍遥自在，仙态毕现。只见他右腿曲盘，左脚着地，身体朝着右侧微倾，右手拄在身后，左手突出中、食二指，双目炯炯直视吕洞宾，唇启齿露，似乎正在言说着什么开示的道理。白袍黑帽的吕洞宾则拱手端坐，面白须疏，凝神瞩目于身边的神仙。画面上有一个生动的细节，就是处于聆听状态的吕洞宾正在用左手大拇指轻捻着右手衣袖，流露出的是面临人生抉择时的矛盾心情。难怪有欣赏者评价，吕洞宾在面临人生转折的时候，心中的不安与彷徨都被画家绘于笔下，显现得入木三分、惟妙惟肖。画面上两个人的姿态一放一收，一庄一谐，形成了鲜明对比，极具张力。已悟的钟离权与始悟的吕洞宾，两个人的思想交流得到了形象化表现。

　　就寓意而言，按照无极殿神龛背面的三十二天帝距离三清位置最近的说法，这幅壁画的位置安排，具有相当深刻的含义，应该是在继续贯彻永乐宫设计者的意图，那就是以王重阳《满庭芳》词中所言"东华降钟离承当"为绪，再由相传为汉朝将军实为唐末五代时道教学者的全真道正阳祖师钟离权度化吕洞宾，让全真道的师承

纯阳殿《钟离权度吕洞宾》壁画

纯阳殿《八仙过海》壁画

脉络由《朝元图》里的神仙严丝合缝地承续至纯阳祖师吕洞宾。

重阳殿壁画再现的是当时社会生活的一幅幅真实影像——平民百姓的梳洗打扮、吃茶煮饭、种田打鱼、砍柴采药、教书闲谈，饥民的流离失所、厨夫的郁郁寡欢、达官贵人的朝拜、王公贵族的对话，还有开道鸣锣、道士设坛、念经斋供等各式各样的社会生活……与纯阳殿风格各异、创意精妙的《纯阳帝君神游显化之图》一样，这里的壁画以写实手法描绘出的居室器用、服饰衣冠、生活习俗，已经成为研究当时社会情状不可多得的宝贵资料。

重阳殿里，需要留意的是三清尊神坐像壁画和《四子捧柩》《秦渡论志》《会葬祖庭》壁画的内容。细细研读这铺有违常规的颇具创新意味的壁画组合，便不难品出蕴含其中的深意。永乐宫的总设计者以最直接的态度，再次强调全真教创始人王重阳上承道教根脉的法统地位；而三幅内容非同一般的壁画，则是为了突显王重阳身体力行下启全真教兴盛未来的功勋地位；同时，明白无误地告诉人们，隐现于三幅壁画中的丘处机便是继承光大全真派的核心人物，也暗示着故事没有讲完，要想知道后事如何，就请光临丘祖殿。

柴泽俊不禁想起了那座被侵华日军拆毁的丘祖殿，据资料显示，丘祖殿亦有壁画。那么，在被毁掉的丘祖殿内，又曾有怎样精彩的壁画？也有一铺环绕东西北三面的丘处机生平画传吗？仍然有表现祀奉礼敬的独幅壁画出现在南壁殿门左右吗？有没有一幅万里西行、一言止杀的独幅壁画绘于扇面墙背面？——还应该有一幅道门四辟、

重阳殿《诞生咸阳》壁画

弘道九州的壁画绘于北门的顶端，寓意全真道三教归一、一统教派、弘法无边的美好愿景吧！

越是这样遐想，柴泽俊的心中就愈为现存的四座艺术殿堂感到庆幸，庆幸它们虽久历兵燹、埋没草莽却得以保全；庆幸它们欣逢治世，重享国宝级待遇，获得整体搬迁的宝贵机会，以至于半个多世纪后容颜依旧，续写艺术辉煌。

走出大门，柴泽俊忍不住久久回望。

他动容地对陪同的工作人员说道："我们这一代'将来者'，应该没有辜负先贤之'所望'，做到了'勿使斯宫倾圮'。现在我们老了，让永乐宫艺术青春永驻的重任，就寄托在你们的身上啦！"

太原双塔·永祚寺

青砖有情，紫霞不老

_王芳

> 寺建于明万历二十七年，迄今四百余载。其大殿下五檩上三檩，形同楼阁而全无栋梁，不用一钉一木，全以青砖堆砌，其明柱斗拱横眉檐牙皆砖雕，工艺之精，鲜有伦比。此寺肇建之日，即于园内植牡丹数株，四百年来，虽经劫火而老干新枝，花大如钵，紫冠黄蕊，不同于红白黄绿，而独具风姿，前人名之曰紫霞仙。既著其色亦示其寿，可谓名与实符。永祚之所以著名，既在于大殿牡丹，更在于双塔。
> ——中国当代书法家、教育家姚奠中《永祚双塔四百周年记》

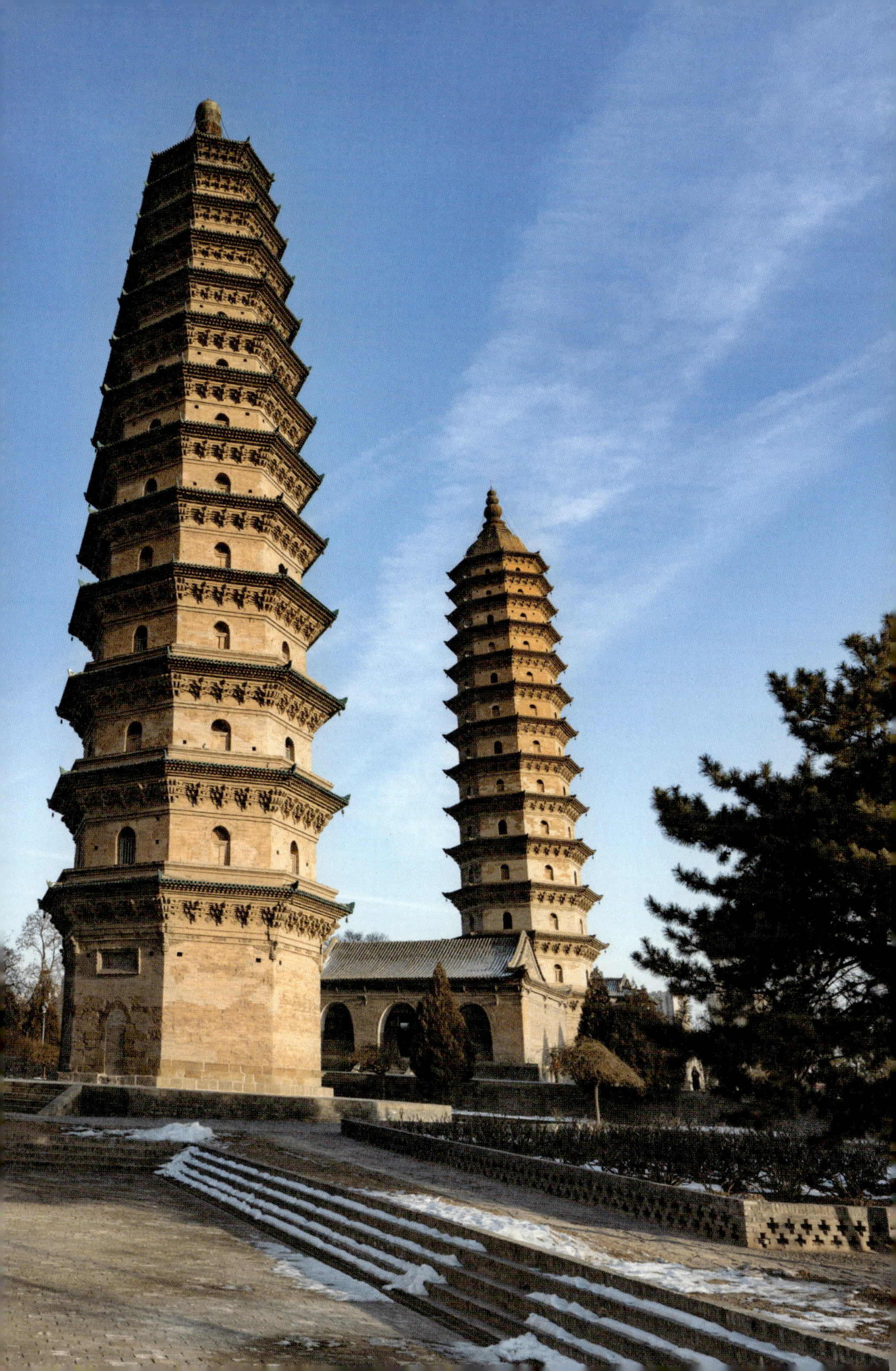

1599年，万历二十七年。世上并无多少新鲜事，没有改朝换代，便算不上惊天动地。而我们确知这么一个年份，是因为一些奇迹。这一年，在西方，庞贝古城被发现；在东方，锦绣太原城中矗立起一座宝塔。

宝塔出世，便与太原融为一体，波诡云谲直到今天，成为太原的标志，与全国所有的塔一起，传递出厚重的文化内涵。

而1599这个数字，成为独属于太原的一个符号。永祚寺和双塔的印迹都从此开始，许多隐秘也需从破解1599开始。

永祚寺：君子万年，永锡祚胤

双塔并不是寺院的名称，但人们总习惯称这座寺庙为双塔寺，而忘了它真正的名称。

双塔所在的寺院，本名为"永祚寺"，位于太原城区东南隅双塔东街东端，是全国重点文物保护单位。

永祚，出自《诗经·大雅·既醉》，其中有"君子万年，永锡祚胤"一句。永祚，是永锡祚胤的缩写或者简称。《说文新附·示部》对"祚"字作出诠释：祚，福也，从示，乍声。锡，是"赐"的通假字。胤是后代。"永锡祚胤"，就是期望神佛永远赐福后代，这也表达了建造寺庙的人的最高期许。

如今的永祚寺外围已改建为双塔公园。绿树掩映中，仿古建筑隐约可见，碧蓝的湖水荡漾着，花径上徘徊着游客。古典园林中矗立着高傲秀美的双塔。美景怡心，继人文景观名满天下，这里又成为拥有自然景观的休闲去处。

这小桥，这流水，这花草树木，这闹市中的幽静气息，都要从 1599 说起。

塔最早的修建者是谁呢？

1599 的延续

越过小桥流水，便可抵达永祚寺。

寺院坐南朝北，立于高台之上，仿若一位沧桑而居高临下的老人，正注视着来来往往的人群；也或者就是傅霖的化身，历经四百多年的风雨，他都没有离开。

走过寺前广场，首先看到的是永祚寺的文物保护碑。

拾级而上，便看到了山门，三个大大的石斗拱下，三个大字

永祚寺大门

"永祚寺"镶嵌在门洞上，两边稍矮一些的影壁上有绿色琉璃团龙。灰砖绿琉璃，周围有红墙延伸，古朴庄严。

迈步往南，有如意门，这本是永祚寺最早的山门。只因为后来建起了山门，如意门便成了二门。门额上有戴梦熊所题"祇园胜境"四字。

"祇（现正确写法应为祇）园"，就是"祇树给孤独园"。相传，给孤独长者用大量黄金购置舍卫城南的祇陀太子的园地，建筑精舍，请释迦牟尼说法。祇陀太子奉献了园内的树木，这个园子就以二人名字命名。后来，人们就用祇园代替佛法修炼之地。

"祇园胜境"匾额

《法显传》言明祇园在宿卫精舍东北六百里处，佛在这里住了很久，也经常在园内讲经说法。但是玄奘西游时，此处已经不在。后世佛教徒也把佛法修炼地称为"祇园"。

戴梦熊是浙江金华浦江人，曾于康熙年间在山西阳曲县任职六年。他重教育，编县志，惠百姓，连傅山当年晋京都是他劝的，我们后面还要谈到他。这里有戴梦熊的题字，是因为他曾为双塔捐款、筹资、烧砖瓦、修寺宇。当然，此祇园非彼祇园，戴梦熊意指此地是如同祇园一样的胜境。

再往南走，又有第三重门，门额上有"永祚禅林"四个字，大

张颔篆书楹联

门两边有考古学家、古文字学家张颔的篆书楹联"凤藻无穹帖爱玉贤花爱紫，因缘有会寺求永祚塔求双"。此联将永祚风景镶嵌在内，随后一一解释。

进门第一眼看到的正是大雄宝殿，顶部建有三圣阁，大雄宝殿与三圣阁浑然一体，属无梁殿式建筑。仔细端详，整个建筑有黄金分割的比例，看起来很舒适。斗拱、垂花门、雀替、阑额、枋头、华板等都是仿木砖雕，上面精心雕刻出卷草纹，雄浑又雅致。

梁思成当年来到永祚寺考察后，就曾说："用砖模仿木结构的形式，砌出柱、梁、斗拱、檐、椽等，这种做法运用到殿堂上来，可以说是创造了佛教殿堂的一个新类型，实物是比较罕见的。"梁先生一句话，点出的是这种建筑的不凡价值。

大雄宝殿的三个券洞中，分别供奉着阿弥陀佛、释迦牟尼佛和东方药师佛，均为明代造像。三圣阁单檐九脊歇山顶，灰色板瓦覆盖，鸱吻、脊兽、脊饰皆为琉璃。我很喜欢墙脊下的悬鱼，漂亮得让人目不转睛。没想到，最漂亮的还不是悬鱼，而是阁内上方著名的青砖雕花藻井。它呈穹隆形，四十八朵斗拱的长度向上逐级缩短，如同华盖空悬，结构奇特，精巧细腻。阁内供奉阿弥陀佛、观音菩萨、大势至菩萨西方三圣，所以才名为三圣阁，但是三圣像今已不存，现供奉观音、文殊、普贤三大士。

站在三圣阁上俯瞰，大雄宝殿两边有耳房，院内东西厢房为禅堂和客房，厢房与耳房之间形成两个小方丈院，传闻力空法师曾于此剃度。院内有砖砌台阶，可登三圣阁。由大雄宝殿、厢房、永祚禅林围起来的这座小院又叫"佛香院"。

极目处，所有建筑皆用青砖砌出。再远处，山门、外墙也皆青砖砌出。

那些青砖的排列看起来既有规则又似无序，这种我们看似找不到秩序的组合，竟然在四百多年前整齐的砖墙上，开出了无数的砖花。斗拱是花，垂花柱是花，雀替是花，悬鱼也是花，就连三圣阁内的藻井也以绝艳的丰姿出现。一时间，我仿佛看到花团锦簇的盛景。

在这一刻，青砖仿佛有了生命，经得起岁月和世人的双重打量。

夕照中的飞檐

青砖风情

真是叹为观止，这永祚寺内，满眼都是青砖雕琢出的风情，如同佛的莲花宝座。这世间，每一事每一物都是有情感的，永祚寺的一切也一样，每一块青砖、每一株花草，都有不可言说的佛性与尊严。不管此刻，大雄宝殿里落座的是谁，祇树给孤独园也已经给了我们启示。一只脚踏入这里，就进了佛陀的灵境，一切都是皈依。

除了文峰塔，这些园子，这些建筑，都不是1599的产物，但它们是1599的延续，贯穿着1599的灵魂。四百多年来，这些物事在一起，周围的万物生灵都在这里随遇而安。

傅霖与宝塔

谁有这样的妙思，能将青砖砌出花的模样，让这园子在花朵的开落之间，一直貌美如花？

傅霖是谁呢？

这里的建筑为什么坐南朝北？

带着问题开始寻找。

双塔就在大雄宝殿后面，很容易看到，但去拜见之前，还要弄清楚一些缘由。

建造一座塔的动议，大约产生于万历二十年（1592）。

太原府的文人学士们听风水先生说，太原风水本为上佳，只是东南方向主文运的奎星方位地势不够高，这才导致自宋朝以后，人才凋零，科举一蹶不振，到了明朝，在朝为官的更是凤毛麟角，要想补救，只有在东南方向建文峰塔和梵刹，"昌文峰，兴文运"，才能补风水的不足。

谁来做这个事呢？人们由此想到了傅霖。

这时的大明朝已经拽不住时光的尾翼，自从张居正死后，这个曾经把蒙古人赶回草原深处的汉族王朝就已如下坡的机车，一路向历史的纵深处滑去。

1599年，万历皇帝已经在位二十七年。这时候，万历皇帝如同一个任性的孩子，不肯向所有人就范。在此之前，马可·波罗向世界打开了一个窗口，世人看到了绚烂的东方文明，自那之后，西方的一些人，带着他们的科学技术前赴后继地来到中国，当然来的最多的是传教士。而万历皇帝沉迷于宫闱之内，并不接见这些洋人。对内，万历皇帝在1599年的时候，已经把自己和王朝一起弄得衰弱不堪。此时，世界正处于小冰期时期，出现极寒天气。种种原因导致民不聊生。对于这些，万历皇帝并无觉察，而西方人当时正处在对东方世界的膜拜中，虽然科技已超东方，但也看不到属于明朝的黄金时代已经过去。

傅霖，嘉靖十二年（1533）出生于太原傅家巷。这个被载入史书的山西籍官员，看不到世界的日新月异，却能看清明朝官场。万历皇帝自己就是最大的腐败分子，加上体制的局限性，在这样的官场上，功名是毫无价值的，甚至有时候道德也没有市场，拯救这一切，无异于飞蛾扑火。

傅霖进士出身，是文官，却能以文人解武事，兵备辽海，使后金的军队退避三舍，边境井然有序。中国历史上有许多文人领武事，都功勋卓著。傅霖却遭受了迫害，不得不回归故里。

故里并州的山川河流、花草树木、风景胜地，对于傅霖来说，都是有疗伤作用的。所以，虽然万历皇帝再三下诏，他依然保持着清醒的政治头脑，知道凭自己一己之力难挽既倒之狂澜，称病拒仕。当时故乡几次大旱，再加上朝廷的腐朽，人民生活在水深火热里。傅霖要做的事很多，他很忙，忙着以另一种方式效力于家国。他不肯再去朝堂中浪费自己的有限精力。

当然，这样一个心系民生襟怀百姓的人，是不会拒绝来自民间的请托的。并州的文脉需要一座塔来提振，百姓们需要一个他们信任的监造者，傅霖众望所归，傅霖义不容辞。

于是，万历朝少了一位官场战将，并州城的地界上多了一座文峰塔。时光如梭，万历朝及至大明朝的官员们乃至皇帝们都被历史的尘烟掩埋了，这座文峰塔却目睹了后世的兴盛衰亡、沧桑巨变，依然以挺拔之姿吸引着世上诸人仰慕的目光。

至于这座塔修成后，成效如何，万历版《太原府志》和康熙版《阳曲县志》都有记载。塔建起后，文运兴盛，连续三年科考，府县两级庠生都有中举的，或五人或七人或十人。并州城出过不少杰出的人物。

万历三十五年（1607），拒不入康熙朝的名满天下的大儒——傅山出生了。傅山是傅霖的孙子，这真是充满深意。

妙峰法师与佛塔

修了塔，自然也应有寺的。当时的寺起名为"永明寺"。

第十一代晋王，即晋穆王朱敏淳，在位时间为万历十三年（1585）到万历三十八年（1610）。这位晋王来这里看了一下，觉得寺塔都过于简陋，与州府的地位不匹配，就延请五台山永明寺的住持妙峰法师来太原，续建佛塔和梵刹，并且在风水方面进行一些弥补。

妙峰法师，本姓续，名真，法名福登，法号妙峰，也称佛登、妙峰登，平阳（今山西临汾）人，生于嘉靖十八年（1539）。

妙峰法师少时家贫，七岁父母双亡，为谋生计便为众家牧羊，十二岁落发为僧。他生得招风耳、朝天鼻、龅齿牙，五孔皆露，得不到师父呵护，饱受虐待。十八岁时他不堪其苦，逃出寺院，行乞于蒲州（今山西永济）。蒲州东山有座万固寺，万固寺的住持路遇妙峰，生了恻隐之心，收其为弟子。自此他皈依临济宗，祖庙便是蒲州的万固寺，算是有了安身修行之所。

据史书载，妙峰一生游历京、晋、冀、秦、川、云、贵、鄂、豫、皖、苏、浙等地，凡涉足之地，无不留下建筑。

万历九年（1581），妙峰挂单五台山。万历皇帝的母亲皇太后李氏，因万历皇帝无子嗣，在五台山塔院寺大舍利塔（即白塔）将竣之时，派人请妙峰为万历皇帝求子，办无遮大会。会期一百二十天满后，妙峰离开五台山到芦芽山修行。次年，万历皇帝有了皇长子朱常洛。太后引以为神，皈依妙峰门下，成为佛门俗家弟子。

妙峰在芦芽山修行时，请李太后捐资，在芦芽山顶峰建造了一处寺庙，并用铁铸造了一座高达七层的万佛铁塔，开始了他一生的建筑生涯。他八方云游，四处建筑，功德一时天下闻名。

万历三十三年（1605），万历皇帝下诏，命妙峰扩建五台山显通寺，妙峰奉旨行事。皇帝出资修庙，自然工程进展顺利，两年即告竣。新扩建的显通寺，成为五台山占地面积最广、建筑最多、规制最高、规模最壮观的大寺院。万历皇帝废弃"显通"之名，亲敕寺名为"大护国圣光永明寺"，封妙峰为"护国禅师"，住持永明寺，总理五台山。

妙峰来太原时已六十九岁，他不顾年迈体衰，对寺塔进行实地考察，发现原塔向西北侧斜倾，根据风水理论，他建议在扩建寺院的同时，在文峰塔左侧另建新塔，晋穆王同意了，并得到了李太后的资助。

在建塔的过程中，妙峰以太原"永明寺"与皇帝敕建的五台山"大护国圣光永明寺"重名为由，改"明"为"祚"，希望佛陀永远赐福朱氏子孙。

新塔竣工后，名为"宣文佛塔"，塔内放有佛舍利，既有补救风水的作用，也有佛教属性，自此，双塔凌霄，屹立于太原东南方。风水与佛法呼应，守护着这座被称为"龙城"的城市。

大雄宝殿、三圣阁、东西厢房也同时竣工。

在妙峰法师最初的设计中，永祚寺的规模要比现在大得多，除了大雄宝殿，还有门庭、前院、天王殿、山门、钟鼓楼等建筑，可惜这时他已年迈，积劳成疾，于万历四十年（1612）带病返回五台山永明寺，三个月后圆寂。

双塔成，永祚寺在妙峰的规划中规模已定。中国建筑大抵坐北朝南，现在可以回答一下永祚寺建筑为何坐南朝北了。

这是多年前，我来到此处后的第一个疑问。

这是风水说在具体地理环境中的灵活实践。

中国先秦哲学倡导"天人合一"，也即人与自然相融，风水说也如此。最早给风水下定义的是东晋的山西闻喜人郭璞。郭璞说风水之术也是相地之术，核心是人们对居住或者埋葬环境进行选择和对宇宙变化规律加以了解，以达到趋吉避凶的目的。这门玄学，也称堪舆学。

塔从印度传入中国后，与堪舆学结合，可以起到消灾镇邪等作用。

这也是太原的文人学士提出建塔的由来。

双塔修建时，正值儒家理学盛行，儒学典籍中有"天地温厚之气，始于东北，而盛于东南"，北斗七星指向东南时，正值立夏，温暖湿润的大陆性季风从东南而来，"温厚之气"也就滋生。

依据风水说，太原东南方位有上上大吉之生气，上吉之气自天而降。按照中国晚期寺院的惯例，风水学决定了青龙方位和对东南方向的崇拜，不能在塔的东南方向建寺而阻断风脉，因而只能在塔的西北方向选址建寺，在不违背"寺前塔后"的建筑规制下，寺院的朝向也只能坐南朝北。

妙峰法师所选佛塔的位置，也是按照风水学来的，他把佛塔建在旧塔东南方向的延伸线上，"城中高处望之，依然如一"（清道光《阳曲县志》），也就是说站在太原城的高处，向东南方向望去，看起来还是一座塔，且东南方向有两座塔更强化了东南方位的重要作用。新塔必须比旧塔高，于是新塔以高出旧塔仅 0.02 米的优势，遵守了规制。妙峰法师真是用尽心思，风水、文风、佛意、规制，全部得以兼顾，真难为他了。

双塔即成，便是绝妙风景

如今绕过佛香院，可以到达双塔挺立之处。

站在双塔之间清代建成的过殿前，便可在左顾右盼间发现双塔的大同和小异。

双塔的建筑形制目测几乎是相同的，均为八角十三级楼阁式空心砖塔，塔身中空，塔内有阶梯可登顶，塔身隔一层有四个门可通向塔檐。

双塔又有几处区别，一是修建的时间前后间隔了九年；二是高度相差0.02米，文峰塔的高度是54.76米，佛塔的高度是54.78米；三是塔刹不同，文峰塔是宝瓶式，佛塔是覆钵式；四是佛塔第一层斗拱之间，镶嵌有"阿弥陀佛"字样，标明了佛塔的属性，还填补了斗拱之间的空白；五是文峰塔往上几乎没有明显的收分，而佛塔塔体七层明显收分；六是文峰塔没有底座，佛塔有砂石条砌筑的八角形底座；七是装饰不同，文峰塔是素砖砌筑的，没有琉璃，清丽豪放，佛塔的每层都有孔雀蓝琉璃瓦装饰，色彩十分绚丽，孔雀蓝琉璃按照规制只能皇家使用，这也又一次说明了佛塔出身的"高贵"。

当然最大的区别在于文峰塔是斜塔。文峰塔塔身是向西北微微倾斜的，据说，是因为太原多西北风，修建者为减弱狂风与塔体之间的吹力和阻力故意为之，也有人认为是紫气东来的象征。文峰塔是被修理过的，到1989年时，塔身已偏离2.8215米，且塔身扭曲，成了危塔。

1995年，太原市政府专门聘请著名纠偏专家曹时中，对文峰塔进行纠偏，纠偏采取直接掏土的办法，共挖了9个直径2米、深6米的圆井，一边挖，一边浇注钢筋混凝土衬砌，然后在井壁上设置掏土孔，根据塔的倾斜程度、方向及安全纠偏率，分阶段掏土，迫使

凌霄双塔

沉降较少的塔基部位下沉。每一阶段的迫降值和掏土量都经过严格计算，待沉降稳定后，再进行下一阶段的掏土。纠偏工程历时两年有余，于 1997 年 9 月 26 日完工。曹时中先生由此成了太原市的荣誉市民。

虽有些微差异，但却不影响慕名而来的游客的观感，双塔以凌霄之势存在，供世人仰望。

双塔即成，便是风景，真正产生了 1+1＞2 的效果。它们是明代继承宋元木结构建筑规制并颇有创新的代表性作品，也是迄今为止国内所存双塔建筑最完整、规模最宏大、集儒释道于一体的文化遗产。双塔是"晋阳奇观"，也是太原的城市标志。

很庆幸，是双塔。

双塔四百多年以来相依相伴，许多岁月，寒来暑往，栉风沐雨，一起观看风月，一起见证着并州城的衰落和繁荣，这是多么幸福的事！

在这个无常的世界上，有千百座塔，木塔也好，砖塔也好，铁塔也罢，都是孤单地在世间矗立，而我们的塔却因缘际会地成了双，纵使有泪，也流成了两行。

双塔立世的这些年，容颜被毁损过。但双塔总是能在创伤过后，很快地达到忘我的境界，重新修炼出大自在的身躯。双塔守护着永祚寺以及永祚寺里开出的砖花，守护着太原城。

太原双塔·永祚寺 青砖有情，紫霞不老

双塔即成，便是风景

雍容华贵说牡丹

除了砖花，寺里还有一城富贵之花——牡丹。

每年四月牡丹开时，永祚寺便游人如织，摩肩接踵。

寺内最名贵的，便是佛香院里的明代牡丹——紫霞仙，这株传说也是种植于万历年间的牡丹，如今已滋生多枝，每年都会如约开放。因为年代久远，品种已属稀奇物种。花型为单叶，盛开时花瓣不多，早开晚收，花期较长，花叶深绿。初开时花为肉红色，盛开

明代牡丹"紫霞仙"

时为淡紫色，花径如盘，瓣大肥硕，紫中透红，红里发紫，紫得高贵且骄傲，摇曳出万千风情，直引得游人频频驻足。元好问还曾为紫霞仙作诗：天上真妃玉镜台，醉中遗下紫霞杯。已从香国偏薰染，更借花神巧剪裁。

1979年，双塔成立文管所，又从河南洛阳、山东菏泽、甘肃兰州引进一百多个品种、近六千株牡丹，每年盛开时，红、粉、黄、白、绿、蓝、紫、墨及复色，众多牡丹九色齐全，煞是壮观。牡丹是那样骄傲地开，欺霜傲月似的，人类在它们面前都显得卑微。尽管牡丹花期短，但它们的世界一定也包含着欢乐与痛苦，只是我们不知道。当我站在菏泽的牡丹园里，想着双塔的牡丹时，竟然觉得它们有着灵魂上的相通。

古老的寺院内，点缀着雍容的牡丹。古老与新盛，构成一组饱含哲学内容的风景，真是美的享受。

有人会问，牡丹开败时怎么办？花开有期，每年只有那么短短的月余时间，但是，这不要紧。你若冬日来，满院枯瘦的花枝，遒劲而强壮，稀疏的根茎间依然可以窥见花朵当初盛放时的骄傲。枯枝配以雕花一样的花坛，触目所及，还有满园砖花，一样有嶙峋之美。

1599的牡丹，容颜不老，根茎茁壮，是可以跨越时光的，老去的都是世间的红尘杂事。

书法长廊宝贤堂

双塔的西边现有宝贤堂,收集各种碑刻260余块。这里充满艺术的墨香。

登堂入室,便可见"宝贤堂法帖展"。

《宝贤堂法帖》由《宝贤堂集古法帖》和《古宝贤堂法帖》组成。

《宝贤堂集古法帖》由晋王朱㭎的第四代孙朱奇源组织篆刻,花费了七年时间,于弘治九年(1496)完成。宝贤堂是朱奇源的书斋名,荟萃了魏、晋、南北朝、隋、唐、五代、宋、元、明等朝代中王羲之、智永、褚遂良、欧阳询、柳公权、张旭、颜真卿、怀素、苏东坡、黄庭坚、米芾、蔡襄、朱熹、赵孟頫等124位书法大家的墨宝,真草隶篆皆有。明末清初时的动荡导致部分墨宝流失,戴梦熊补刻了53块,并注明"戴補"字样。

《古宝贤堂法帖》由太原知府李清钥于康熙五十七年(1718)组织篆刻,现存36块。

宝贤堂所存,有明代石刻珍品《宝贤堂集古法帖》180余块,有清代《古宝贤堂法帖》36块,还有苏东坡《念奴娇·赤壁怀古》石刻3块、祁寯藻《子史粹言》石刻4块、吕坤《晋溪隐居家训》碑1块。说起苏东坡《念奴娇·赤壁怀古》石刻,世存两处中,双塔所存刻于乾隆二十七年(1762),比湖北黄州同样内容的石刻早近百年,这是苏东坡的草书传世之作。

太原双塔·永祚寺 青砖有情,紫霞不老

宝贤堂内的碑刻

这些法帖自诞生之日起，经历过汇聚和散佚，有的碑刻漂流过好几个地方，例如晋藩王府、太原府署、三立书院、督军署、令德堂、傅公祠，1918年才来到永祚寺，始存于大雄宝殿之东碑廊下，改建双塔公园时，被移至现在的宝贤堂。

此宝贤堂虽已不是朱奇源的宝贤堂，但依然传承着这位朱姓子孙的意愿。

如果问起双塔寺的工作人员，他们一定会告诉你，这里的碑帖是他们的镇馆之宝。

至此，张颔所撰之联的内容，俱已在文中。

双塔相依,紫霞不老

尾 声

明代李溥登临双塔后,留下诗句:

三晋楼城俯首看,一声长啸倚栏杆。
振衣绝顶青云湿,酌酒危峰白日寒。
蠢蠢苍龙擎宇宙,绵绵紫气发林峦。
我来欲把星辰摘,到此方觉世界宽。

是的，登顶塔上，极目处，是壮阔的并州山河，是中华的大好河山，怎能不觉世界宽？

在这样的双塔下，面对着万历皇帝在皇宫内阴鸷的冷笑，觉得凛冽。张居正死后，万历皇帝的母亲专注佛事，捐资修建了佛塔，却也不能让万历皇帝停止毁损的步伐。而1599年，在大明朝的东北方，一个叫努尔哈赤的人已经四十岁，正值壮年，他厉兵秣马，要与明朝争夺天下。再过十七年，努尔哈赤就要建立后金了，而开启清朝历史的皇太极也已经七岁，明朝灭亡的脚步越来越近了。

在1599年之前的1583年，一个叫利玛窦的意大利人把望远镜带到了中国，在1599年之后的1601年，利玛窦进入了紫禁城，想把望远镜进献给万历皇帝，可万历皇帝不稀罕这个东西，他不稀罕一切科学技术。通向世界的大门关上了，万历皇帝内心的版图不断缩小，东方文明前进的路程被拉长了。

我们可以看到的是，双塔无意中以类似于望远镜的形象和功能的模样，挺立了四百多年。双塔看到的不仅仅是并州城的兴衰，还有东方文明的兴衰，因为不到三百年后，西方人就带着他们的鸦片和坚船利炮打过来了。

塔的建造总是带有一厢情愿的性质，而这种一厢情愿的向往并不能挽救命定的劫数，如果没有登高望远的胸怀，一切都是妄想。历史的迷雾，让许多睿智的当事人都看不清楚，何况那个执迷不悟的万历皇帝呢？

1599年之后，拒不入康熙朝的傅山出生了，他是傅霖的翻版，而康乾盛世也只是昙花一现。

历史是吊诡的，但我们的双塔是真实的，可供人们怀想与神游。

时间到了现代，山西运城人改写蒲剧《苏三起解》，把双塔写入剧情。苏三沿汾河一路步行到太原，看见双塔，就知道太原到了，她的冤情或许可以昭雪。剧作家的愿望是美好的，这个故事发生在明正德年间，那时我们的文峰塔还没有开始修建。但也由此可证，双塔已经成了三晋人的心中地标。蒲剧《苏三起解》的主演武俊英凭借此剧获得了"梅花奖"。艺术与建筑，留下了牡丹一样芬芳的清香。

皇城相府

中国有古堡

— 谢红俭

这里建筑风格独特，充满了传奇色彩，建筑大多是明清古建筑，石柱、石雕、砖雕、木雕、牌楼都保护完好，特别是河山楼，无论文物价值还是其中蕴涵的非物质文化遗产价值都非常高。皇城相府用自己的智慧保住了自己祖先的遗产，也走出了一条健康发展之路。
——中国当代作家、画家、社会活动家冯骥才在"山西古村落调研活动"中的讲话

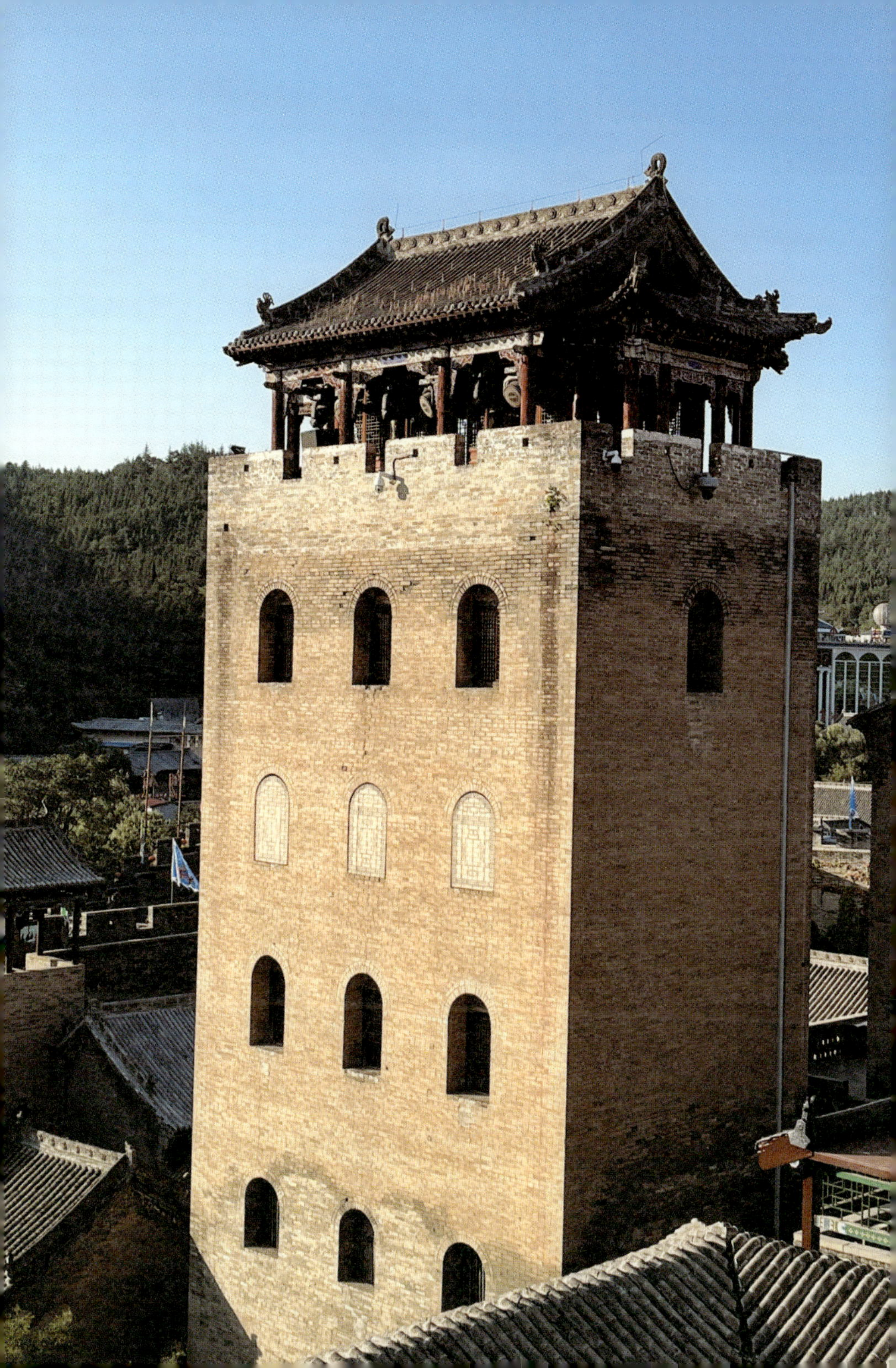

太行自古天下脊。在黄河之滨北望，太行犹如一座巨大的城堡拔地而起，屏障三晋，护佑中原。

在太行山腹地，崇山峻岭间，沁河时而跌宕起伏，时而缓缓流淌，滋养着两岸无数生灵，孕育了华夏早期文明。它见证着金戈铁马，英雄辈出；也见证着残酷杀戮，血流成河。一幕幕王朝兴衰、

民族交融的大戏在此轮番上演。

矗立在沁河两岸的一座座古堡，成为这个舞台上的主角。古堡修建于何时？谁人修建？无数的人来到这里，探寻它的秘密。

中国有古堡吗？1998年，当我来到今天的晋城皇城相府，听说要打造中国的东方古堡时，我是有疑虑的。

那时候，在我的印象中，一提起古堡脑海中就会出现欧洲城堡的影像，充满了神秘和浪漫。即使今天，搜狗百科中的"古堡"词条，仍这样解释："古堡是中世纪欧洲和中东地区的一种武装建筑。"

翻阅《现代汉语词典》，堡，是指有防御性功能的建筑。《辞源》中将"堡"解释为土筑的小城。从战国开始，中国的文献中就有关于"堡"的记载。这个字，曾经写成"保""壁""垒""坞""寨"

皇城相府，东方古堡

"城",它们都是有防御性功能的建筑。"堡"与"城郭"的区别,更多地体现在其乡村性上。

沁河从沁源过安泽进阳城,在北留拐了一个弯,顺沁河支流樊溪河北上,进入了一片山谷之地。

皇城相府就坐落在樊川幽谷之中的静屏山下,樊溪河畔。凭栏远眺,这里山麓松柏葳蕤,山脚泉涧潺流。相府古堡与御书楼殿阁高耸,翎翼在天,与静屏山相映生辉。黄阁青山,异常秀美。

皇城相府是清康熙王朝文渊阁大学士陈廷敬的故居,号称"双城古堡"。内城斗筑居建于明代,外城中道庄建于清代,兼具明清建筑风格。整幢建筑依山就势,高低叠置,集古代民居、官宦宅邸、宗祠庙院、学堂园林于一体,总建筑面积3.6万平方米,有大型院落16座,各种房屋640间。高大的城墙将内城外城围在一起,城墙总长780米,平均高度12米,宽度3米左右。百尺河山楼巍峨峭拔,是它的标志性建筑。

高大围墙与高耸碉楼,使皇城相府成为当之无愧的中国式乡村古堡。

午亭山村与师帝情深

皇城相府因陈廷敬而出名。陈廷敬学识渊博,位至宰相,既是位政治家,更是位大学者。他不仅组织编纂了《康熙字典》《明史》

《佩文韵府》等多部巨著，还担任朝廷讲官四十年，为康熙释疑解惑，辅助朝政，成为康熙倚重的重臣，尊敬的师长。

走进皇城，首先看到的是那座别致而华丽的御书楼。它位于皇城相府的城楼之外，是整幢建筑的点睛之作。

从两侧登楼而上，一块巨大的石碑矗立其中，上书"午亭山村"四个字。两边是一副楹联：春归乔木浓荫茂，秋到黄花晚节香。匾额楹联均为清朝康熙皇帝手书。

陈廷敬晚号午亭山人。他最喜欢的就是"午亭山村"这个名字。他不仅让康熙亲笔题写了村名，还将自己的文集命名为《午亭文集》。陈廷敬在《午亭文赋》序中写道："郦道元《水经注》：'沁水又东南，阳阿水左入焉。水北出阳阿川，东南流经午壁东，沿波漱石，湍涧八丈，环涛毂转，西南流入于沁水。'余村居近沁水，而爱午壁亭之名，故取其义以名其居曰'午亭山村'。"

他以午亭为名写下了不少诗歌：

午壁亭名载水经，秦时流水汉时亭。
何人更与桑钦注，一亩园中水木青。

午亭山村是陈廷敬悉心构建并热情讴歌的精神家园，体现着他淡泊明志的精神追求。这副楹联更是浓缩着他与康熙皇帝之间的师帝深情。

康熙四十九年（1710），七十二岁的陈廷敬在内阁任职已有七个年头。他因年老体衰，精力不济，曾多次上书辞职，都被康熙帝婉言谢绝，因他心地坦诚，办事谨慎，康熙不想让他离开。这年十一月，他再次以耳有疾病力请辞职，终于获得恩准。康熙命他以原官解任，但继续留京，担任《康熙字典》的总阅官，完成编修之事。

陈廷敬像

中华文明五千年，文字浩如烟海。编修字书是一项庞大而辛苦的工程，陈廷敬深感责任重大。为了圆满完成这项任务，他上疏出榜招贤，从应试者中精选了三十余人，组成了编辑阵容。他十七岁就中进士的儿子陈壮履也入选其中。为了编好这部字典，陈廷敬每天人不离书局，手不离纸笔，一丝不苟，废寝忘食。陈氏父子同室修书、对坐青灯的事也很快在宫中传为美谈。次年二月二十二日，康熙巡视书局，看到白发苍苍的陈廷敬伏案躬耕的情景，感叹不已。当即泼墨挥笔，为陈廷敬写下了"午亭山村"和"春归乔木浓荫茂，秋到黄花晚节香"的字联，对自己的老师给予了最高的评价，并且动情地说："朕特书此匾联赐卿，自此不与人写字矣。"

陈廷敬出生于明崇祯十一年（1638），生性聪颖，读书过目不忘。九岁即以一首《牡丹诗》而使周围人惊异。诗为五言绝句："牡丹后春开，梅花先春坼。要使物皆春，定须春恨释。"连他的母亲都惊叹地说："这孩子想叫世间万物都各得其所呀！"年仅十三岁的陈廷敬与父亲一道赴潞安府参加秀才考试，以童子第一入州学。顺治十四年（1657），他参加乡试中举，年仅十九岁，次年中进士。他原名陈敬，因为殿试列榜时，还有一个顺天府的进士也名陈敬，顺治皇帝就下令给泽州的陈敬加一个"廷"字以示区别。也许就是这一个"廷"字，使陈廷敬和朝廷结下了不解之缘。康熙十年（1671），陈廷敬升侍讲学士。次年任日讲起居注官。从此，三十四岁的陈廷敬与十八岁的康熙皇帝时常相伴，共同走过了四十多年的岁月。

日讲起居注官不仅要将皇帝的一言一行详细记录在案，更要紧的是还要和皇帝切磋学问，交流思想。从康熙十五年（1676）起，陈廷敬升任经筵讲官，一直到离世。陈廷敬学养深厚，精通经史，在朝几十年，由日讲起居注官到入值南书房，他经常与康熙皇帝一起讲经论史，对康熙皇帝的治国思想造成了很大影响。

在陈廷敬的五十卷文集《午亭文编》中，他对康熙大加赞赏。说他"优礼儒贤，好问好察""慎刑狱以惜民命，重文学以兴士风"。史籍记载中，康熙对陈廷敬这位老师也深表敬佩，说他"敷演详剀，析义在文句之外""每日进讲，启迪朕心，甚有裨益"。

康熙皇帝或许对他的这位老师有所偏爱，一生给陈廷敬的题诗、题词墨迹甚多。在皇城相府，还保留有"博文约礼""点翰堂"等多块御赐匾额。每一块匾额，都留下了一个小故事。

那是康熙四十一年（1702）三月，文华殿大学士张英因病致仕，陈廷敬奉命总理南书房事务。一天，康熙将几位亲信大臣召集到南书房，分别赐予御笔诗书及宫廷用品。当陈廷敬看到赐给自己的横幅上写着"博文约礼"四个大字时，心里非常激动，连忙谢过皇上，说，皇上对老臣过誉了。康熙微微一笑说，这怎么可能呢？爱卿啊，朕赐你这四个大字，难道不会再有别的寓意吗？话音刚落，陈廷敬已是双膝跪地，连连说，皇上啊皇上，您可折煞老臣了。原来，"博文约礼"四字取意于孔子的一句话：君子博学于文，约之以礼。意思是说，品德高尚的人能够广泛地学习文化知识，并能用礼节来约束自己的行为。但是，孔子的得意门生颜回也曾经说过，夫子循循然善诱人，博我以文，约我以礼。意思是说，老师（孔子）善于循序渐进地引导我，用广博的知识充实我的头脑，用一定的礼节来规范我的行为。因此，陈廷敬听了康熙的话，才会如此感动——康熙并不以君自居，对自己是以师相待啊！

说起他们的师生情谊，再有几章也写不完，小到康熙对陈廷敬的儿子、母亲的关心，大到在国家大事上康熙对陈廷敬的信任，点点滴滴，贯穿于他们四十多年的情谊之中。陈廷敬生前，康熙直接写给他的诗有十多首，其中一首五律最具代表性：

横经召视草，记事翼鸿毛。
礼义传家训，清新授紫毫。
姚房比雅韵，李杜并诗豪。
何似升平相，开怀宫锦袍？

康熙在这首诗的序中写道："朕览皇清文颖内大学士陈廷敬作各体诗清雅醇厚，非集字累句之初学所能窥也。故作五言近体一律，以表风度。"诗对陈廷敬的人品和气质进行了全方位的评价："你既是朝筵讲官，又起草拟定国家典章制度，还当过记载皇帝起居言行的史官。你很讲仁义礼智信，从小就受到良好的家庭教育；你的文笔清新感人，毫无一点俗气，你的高雅风度可以和唐代的名相姚崇、房玄龄媲美,你的诗歌简直可以同李白、杜甫相提并论。令我惊讶的是,谁能像你一样既是一个升平宰相,又那样诗才冠世呢?"

康熙在位六十一年,陈廷敬从政五十三年间,历经二十八次升迁,辅佐康熙半个多世纪,成为康熙盛世的一代重臣。陈廷敬以清廉正直闻名。他任左都御史时,官场上行贿受贿、营私舞弊成风。于是,他上书皇帝要求制定严厉的制度,以改变不良风气。在官居吏部尚书时,陈廷敬曾严饬家人,有行为不端者、有送礼贿赂谋私者,不得放入。他到礼部上任,曾立下规矩:"自廷敬始,在部绝请托,禁馈遗。"他非常重视发现和重用有识之士,经常向康熙皇帝推荐人才,王士祯、汪琬、陆陇其、邵嗣尧等人,都是经他力荐而受到朝廷重用的。

《清史稿》给他以"清勤"的评价。王跃文写的《大清相国》中曾这样赞扬他:"清官多酷,陈廷敬是清官,却宅心仁厚;好官多庸,陈廷敬是好官,却精明强干;能官多专,陈廷敬是能官,却从善如流;德官多懦,陈廷敬是德官,却不乏铁腕。"

在陈廷敬最后生病的那些日子,康熙更是关心备至,为他请医送药,甚至亲诉偏方。在陈廷敬死后,康熙又命畅春院总管送给头等精奇紫杉板一具,并特赐一千两银子用于丧葬,派三皇子至陈府祭奠,又派朝廷官员专程护送陈廷敬回乡安葬。这些恩遇,在陈廷敬墓地紫芸阡东侧从南至北一字排开的十通路碑上留下了详细记载。

世传诗赋重，名在独遗荣。

去岁伤元辅，连年痛大羹。

朝恩葵秉励，国典玉衡平。

儒雅空阶叹，长嗟光润生。

这是康熙皇帝写给陈廷敬的挽诗。他在诗中赞扬陈廷敬对皇室忠心耿耿，处理国事公平合理，为痛失良师而悲叹，充分表达了他们之间深厚的君臣之情、师生之情。

《康熙字典》在陈廷敬死后终于问世。这是我国历史上第一部用"字典"命名的字书，也是第一部官修字典。全书共四十二卷，收字47035个，堪称中国字书之最。康熙皇帝称赞这部书"善兼具美"，为成书举行了庆祝盛典，并以自己的年号亲笔题写了书名。

《康熙字典》是康熙皇帝与陈廷敬最完美的一次合作。这一成果对我国汉文字的研究和发展起到了巨大的推动作用；也使他们师生之间的一段佳话，流芳百世。

在今天的皇城相府中华字典博物馆，有128个版本的《康熙字典》，包括英文、日文等翻译版本。镇馆之宝是康熙五十五年（1716）的武英殿版本，此版本为官刻祖本，全四十本，2014年由河南郑州花少峰先生无偿捐赠。迄今为止，《康熙字典》仍不失为理解古代典籍、传承传统文化的优秀工具书，其历史与文化地位，仍然不可替代。

外城中道庄

理解了陈廷敬，就理解了他的府邸——中道庄。

穿过御书楼，在皇城外城门楼上镶嵌有两块匾额，一块是"中道庄"，一块为"天恩世泽"。

中道庄本是皇城村的旧称，后习惯用来指皇城相府的外城。陈廷敬家谱载：中道庄者，上下皆村落，故以中道庄名。看似简单，实则不然。中道庄，蕴含着"中庸之道"的哲学理念。儒家以"中庸"为最高的道德标准，所以孔子的孙子子思说："诚者不勉而中，不思而得，从容中道，圣人也。"陈廷敬为官五十三年，除康熙二十七年（1688）受亲家牵连在家休息两年外，可以说一生仕途坦荡，被康熙称为"完人"。这在伴君如伴虎的封建社会简直可以说是个奇迹。这个奇迹和陈廷敬一生遵循的哲学理念不无关联。

中道庄后来又怎么变成"皇城村"了呢？这好像不是一生谨慎的陈廷敬的风格。想来一是村里乡亲从未见过如此宏大的建筑，简直就像"紫禁城"呢！二是康熙皇帝曾经驻跸此地。虽然在《清史稿》里查不到康熙到过中道庄的记录，但在康熙赠陈廷敬的诗里，却明白无误地谈到了这一行程："新加大邑授仍黄，近与单东向洛阳。顾盼一过丞相府，风流三接令公香。"因此，到光绪三十四年（1908），官方所编的《阳城新增志》方舆图便赫然出现了"皇城"村名。皇城相府近年来顺应旅游大潮而越叫越响。

中道庄城门

也许人生就是这样，曾久居皇城的陈廷敬，向往山村的宁静与淡泊；而久居山村的乡里百姓，却希望靠"皇城"这块牌子吸引游人。

中道庄是陈廷敬被任命为文渊阁大学士兼吏部尚书后，于康熙四十二年（1703）修建完成的。主要建筑包括外城城墙、冢宰第、管家院、小姐院、书院、花园及功德牌坊等，是一组规模宏大的城堡式清代官居建筑群。城内空间布局和建筑风格融宫廷规制与地方特色为一体，巧妙地把封建礼制与建筑工艺有机地结合在一起，既有北方的大气又有江南的秀美，是整个晋城古堡中最为经典的建筑。

走进中道庄的城门，首先看到的是一大一小两座石碑坊。牌坊又叫牌楼，是一种门洞式的具有装饰性和纪念性的建筑物。这两座石牌坊，真实地向人们展示着陈氏家族在明末清初年间所取得的荣耀与辉煌。

迎门的大牌坊，是陈廷敬于康熙三十六年（1697）官至经筵讲官、刑部尚书时奉旨修建的，四柱三楼，坊额雕龙镂凤，基座瑞兽环拥，气势恢宏，蔚为壮观。正楼上书的"冢宰总宪"四个大字，是对陈廷敬当时累任官职的概括。"冢宰"是宰相的别称，意为百官之首；"总宪"是都察院左都御史的别称。封建社会推崇"父以子贵，妇随夫荣"的伦理道德，所以宫廷也规定了一种"封典"制度，皇帝根据官员的功绩大小和品级高低，赐给官员本身、父母、祖先及其妻室一定的荣誉品衔以示奖励。陈廷敬官居一品，多次升迁，所以他的父亲、祖父和曾祖父都受到多次封赠。

皇城相府 中国有古堡

中道庄牌坊

大牌坊两边的侧楼上方分别刻有"一门衍泽"和"五世承恩"八个大字，意思是说陈氏一门五代都受到了皇帝的恩泽。下边则是陈廷敬的兄弟子侄当年取得的功名和官职。

后面的小牌坊建于清顺治十四年（1657），也是奉旨建造的，两柱一楼，结构比较简单。上面记载着从明嘉靖到顺治年间陈廷敬父辈所取功名所授官职。当时的陈廷敬已经是举人了。

外城的主体建筑冢宰第是陈廷敬的私邸，也叫"大学士第"，坐北朝南一进四院。入大门返影壁东折为一狭长庭院，门两侧施精美影壁，内柱间设木质屏壁，平时封闭，为主人与贵宾通道，两侧辟过道供家人及下人出入。

入二门为一宽敞的方形庭院，正北大堂为相府大院的主要建筑，用材硕大，工艺考究，门悬康熙皇帝御书"点翰堂"匾额，堂内悬挂御书"龙飞凤舞"和"博文约礼"牌匾。

穿过大堂进三院，有二室。穿过二室，又可进入内宅后院。后宅二院除了二室外，所有房屋均为双层出檐楼房，风格幽雅别致，是将官方规制与地方传统工艺完美结合的典范。整个相府大院的柱头、斗拱、门窗、楼栏、影壁、柱础等装饰构件工艺精致，雕刻精美，显得雍容华贵，富丽堂皇。

相府大院的建筑组合明显地强调空间秩序感，在南北轴线的主导下次第排列门屋、厅堂和内室，特别突出了主体建筑点翰堂的地位和作用，是古代在正堂供"天地君亲师"的封建礼制在建筑形式上的具体体现。

小姐院是相府后宅的重要建筑之一，是陈廷敬的女儿及女眷居住和活动的地方。北楼即是所谓的闺房，或称绣楼，是陈家小姐的起居室。东西厢房为女仆和贴身丫鬟的住处。南房为过庭，前后设门，通向风景优美的西花园。昔日，陈家小姐在此吟诗作画，鼓瑟弄琴，悠然度过她们的少女时光。

在建筑工艺上，小姐院采用了没有屋脊与脊兽的卷棚顶，也叫"罗锅顶"，这是我国传统建筑中双坡屋顶的形式之一。它的特点是两坡相交处成弧形曲面，没有明显的屋脊。卷棚顶是传统建筑规制中等级最低的屋顶形式。因其线条柔和，造型活泼，常被用在怡情适趣的古代园林建筑中。这种建筑形式除了美观实用，可以增加建筑的多样性之外，也反映了希望女子温柔顺从的道德意识。

小姐院南侧，是一处融江南园林和北国风光不同韵味于一体的官宦私家园林，因处于皇城相府的西部而名"西花园"。假山、鱼池、花圃、回廊等点缀其间，相映成趣。假山用太湖石堆砌而成，状如泰山，沿山径盘曲而上，顶部建有望月亭，向西则可攀登城墙。陈家女子在此游戏，可"登山看日出，西园望月升"，追寻诗情画意。鱼池其形如蚌，故称"蚌池"。假山麓有修竹一丛，山腰有蜡梅数枝，生机盎然，格调高雅。陈壮履曾写诗咏道："帘摇碧玉风吹柳，林堕黄金雨落梅。冰水藕丝巡竹去，双柑斗酒听莺来。"

管家院置于花园南部，院门砖雕匾额镌刻"笃诚"二字，显示了相府选拔管家的用人标尺。院后东侧夹道北行，院后有一座暗筑于花园假山下的小黑屋，名曰"面壁思过室"，是相府主人专为触犯家规、家训者所设置。对于违规者，主人让其暂时失去自由和光明，在小黑屋内进行自省，面壁思过直至幡然悔悟，表现了中国文人治家的特点。

出西花园进入对面的南书院。南书院本名叫"止园书堂"，原为陈氏家族子弟读书的学堂，南书院只是它的俗称。止园是皇城古堡中占地面积最大、园林设施最多的公用花园，南书院属于这个园林建筑群的组成部分，所以叫"止园书堂"。"止园"二字也大有深意。

止园书堂创建于明崇祯十五年（1642）。陈廷敬的兄弟子侄大都从这里开始接受训育，进而入朝为官。它是陈氏家族子弟学文习儒、科举仕进的摇篮，也是陈氏家族跨入鼎盛时期，最终成为山西文化巨族的发祥地。

南书院是一座坐北朝南的两进院落。前院稍小，东西厢房和倒座是学堂，均为出檐双层楼房，天井高深，严谨整肃，是塾师食宿和处理学堂事务的处所。后院较大，是陈家子弟读书受业的书房。

在皇城相府的古代建筑群中，南书院保留了明代建筑粗犷简洁的艺术风格。前院大门外的砖雕影壁，花纹图案，造型优美，雕刻细腻，是不可多得的古建艺术精品。

南书院中还有一座奇异的房子。这座房子不但建筑结构特殊，而且因为主人的不幸命运而留下了一段奇特的故事，它就是悟因楼。

悟因楼位于南书院前院倒座，倒座的底层是一排五眼窑洞，原为止园花园的花房。楼上就是悟因楼。悟因楼因陈廷敬的孙女陈静渊在此居住而得名。

陈静渊是陈廷敬的二儿子陈豫朋的长女。她自幼聪颖，才华出众，诗写得非常好，曾被誉为山西著名女诗人。陈静渊十七岁时嫁给父亲同僚好友的儿子卫封沛。卫封沛官至礼部郎中，年少而富有才华，与静渊婚后得一子。本是郎才女貌的幸福姻缘，却不料婚后两年，卫封沛暴病而亡。丈夫年纪轻轻便撒手人寰，陈静渊寡居后，从河北沧州回到娘家。

那时，相府内城因人满为患，陈豫朋已经迁到南书院居住。家人就将倒座楼房进行改造后供她居住。陈静渊终日坐于一楼，孤独凄苦，忧郁落寞。其父只好以命中注定的宿命论观点劝慰她，又取"悟却前因，万虑皆消"之意，为该楼题额"悟因楼"。

静渊虽体弱多病，仍每日吟诗课读，从中寻找慰藉。

> 花飞絮舞又春残，最是愁人不忍看。
> 尽日掩扉成独坐，一炉香篆一蒲团。

因心情郁闷，哪怕就是春天，也难引起她的欢欣。世间万物在她眼中，都罩上了一层浓浓的愁色。在《七夕雨》中，她写道：

俯瞰皇城相府

> 云掩银河雨涤秋，俗传牛女话离愁。
> 人间自是多伤别，不信天孙亦泪流。

触景生情，更想念夫君。失夫之痛和怜己之悲，始终挥之不去。

> 悟却前因万虑消，今朝谁复计明朝。
> 只怜欲遣愁无力，憔悴形容暗里凋。

在陈静渊遗留在世的二十多首诗里，篇篇愁怀，句句忧思。她寂寞忧郁的生活，又怎一个"愁"字了得。这位满怀才情的陈家女子，在三十岁的芳华妙龄便不幸凋零，追随夫君而去了，在皇城相府华美的乐章中，留下了一曲凄婉的歌谣。

内城斗筑居

皇城相府的精华在其内城斗筑居。斗筑居形状近似长方形，城墙高十余米，厚度也有两三米，有两百多个垛口，七座堞楼矗立在周长415米的城墙上，蔚为壮观。与斗筑居遥相对应的是内城的主体建筑陈氏宗祠。除庄严肃穆的宗祠外，内城还有树德院、世德院、麒麟院、容山公府、御史府等明清建筑。与外城的威严壮观相比，内城的建筑显得更加质朴务实，风格简洁。整个皇城古堡最为壮观的标志性建筑河山楼，就矗立其中。

河山楼是斗筑居中最早的建筑，是陈氏家族为了抵御明末农民军而建造的防御性工事。该楼创建于明崇祯五年（1632），距今已有近四百年的历史。明朝末年，由于政治腐败，国运衰退，天下大乱，烽烟四起。樊川一带更是经常遭受乱兵的劫杀抢掠。为了抵御侵扰，保全族人性命，陈廷敬的伯伯陈昌言、父亲陈昌期、叔叔陈昌齐三兄弟遵从母命，建造了此楼。陈昌言在《河山楼记》中，叙述了当时的情况。

晋城有不过正月不动土的习俗，但因为形势紧急，崇祯五年正月还没有过完，陈家就破土动工了。陈家先掘地打井，后筑石为基，再青砖砌墙。河山楼一共三间七层，高达十丈，用去石料三千块，砖三十万块。七月，砖墙刚刚砌完，已选择了七月十六日上梁竣工，十五日忽听人说王自用的兵已经过来了。陈家人仓皇备战，储运煤米，当晚，村中八百多男女藏入楼中，闭门守护。乱军围困四日有余，于七月二十日午后撤离。陈氏家族凭此一楼，保全了八百多人的性命，河山楼为陈氏家族立下大功。

楼修好后，起什么名字合适呢？陈昌言在《河山楼记》中说，我思考了好长时间，连一个字也想不出来。崇祯六年八月初一日夜晚，梦见和仙人相会于楼上，恳请仙人题名，仙人环视周围后题曰"河山为囿"。我再问"囿"字如何解释，又说：登此楼而望河看山，就好像苑中有园。醒后感到十分奇异。第二天早晨登楼四望，果然

斗筑居河山楼

与所题之景十分相似，便将此楼命名为"河山楼"。

河山楼底层备有水井、石磨、石碾等生活设施，并挖有暗道直通城外，是中国古代最具特色的防御工事。

从外观上看河山楼，上下的宽度是一样的，但内部随着楼层的增高，每层的围墙厚度不断减少，内部空间不断加大。这样，在外墙垂直不变的情况下，内墙的倒"八"字形结构，不仅节约了砖木，扩大了使用面积，而且增强了建筑的抗震力和稳固性。这种工艺在建筑学上被称为"内收方"。这种建筑手法体现了古代工匠的智慧，让人为之惊叹。

河山楼虽在难时能容千人避难，但粮食、衣物等贵重物器不能多藏，牛马猪羊等牲畜更无地隐避，常遭杀害掠夺。陈昌言于是与族长商量，希望族人共筑一城，同舟共济，共保家园。但家族之内却意见不一。于是他在亲戚朋友的说合下，以产业兑换了今天内城的面积，于崇祯六年（1633）七月动工修建城墙，形成了今天的内城——斗筑居。

由于内城东高西低，陈家人就因地制宜在东墙下建窑洞5层125孔，称为藏兵洞。窑洞一字排开，层层梯升直至垛口，可屯兵御敌，方便调动。城墙和四周设有马面凸出墙外。城墙的东南角筑有墩台祀文昌帝君，东北角筑城祀关帝，以图借文武神灵保佑全城平安。

陈氏宗祠与内城斗筑居城门遥相对应，是内城的主体建筑。入城门洞，沿狭窄的胡同向东，渐行渐高，一种难以名状的敬意油然而生。

陈氏宗祠的门楼建于台阶之上，单檐悬山顶，檐下斗拱密致，虽然仅面阔一间，一门二柱，体量不大，但是在狭窄胡同的顶端且与胡同等宽，并处高阶之上，须仰而视之。祠门左右两侧置大小石狮各一对，大狮高踞束腰须弥座上，高及垂柱，张口怒吼。其身后紧靠门墩的一对小石狮憨态可掬，与大狮共同守卫着陈氏宗祠大门。

祠院内的祠堂坐东朝西，面阔三间。明间廊柱悬木刻楹联一副，上书：德积一门九进士，恩荣三世六翰林。陈氏家族从明孝宗至清乾隆间的260年中，一共出了41位贡生，19位举人，并有9人中进士，6人入翰林，堪称北方文化巨族。

陈氏宗祠里列有供族人祭祀的祖宗牌位，对家族的兴衰荣辱和已逝先人的科第功名也有详细记载。陈廷敬九世祖从河南彰德府临漳县迁至古泽州晋城天户里，三世祖陈岩明初落脚中道庄，开创世昌冶铸坊，到陈廷敬的高祖陈修，"幼读诗书，长事商贾。……客游燕豫间，负资累千余金"。陈家先祖多代努力，靠挖煤、冶铁、经商致富，有了积蓄，陈家人在今天皇城的地址上置起了自己的家业。

从陈林的儿子陈秀起，陈家子孙就不断考取功名，开始入朝为官。五世祖陈天佑，在明嘉靖年间中进士，是陈家的第一个进士。陈廷敬的伯父陈昌言于明崇祯七年（1634）成为陈家第二个进士，并历任监察御史、提督江南学政等职。陈廷敬的父亲陈昌期为清顺治十一年（1654）拔贡生，叔叔陈昌齐也是秀才中的拔尖生。至此，陈家已是名副其实的书香门第了。到陈廷敬这一代，陈家到达了鼎盛时期。

213

内城的树德院、世德院、麒麟院都是陈家的先祖于明朝年间修建的。树德院位于内城东北隅，系坐东朝西的三座并列四合院。院子用"明三暗五"之建筑形式，主屋与厢房、倒座均为二层楼，院落四角为或开敞或封闭的天井，与江西南昌"四合五天井"式民居多有类似之处。世德院、麒麟院之建筑形制，基本与树德院相同。明嘉靖二十九年（1550），陈天佑（号容山）改修旧室，建容山公府。明崇祯年间，陈昌言升任浙江道监察御史后修建了官宦宅邸御史府。这些明代建筑简洁洗练，古朴典雅，一概不施斗拱，柱间枋木组合主要为平柏枋、大额枋和雀替，柱础石、石枕石及影壁等素面无饰。门窗或为拱形，或为方形，窗户则有直棂窗和支摘窗两大类。木栏板和梁架等朴实无华，极少装饰，室内次间多设落地罩，

纹饰一般为简洁大方的几何图案。

内城因为地势不平，处樊山山坡，各种建筑依山就势而随形生变，或如河山楼高入云天，或如树德院遁入深室。人处其中，可以充分领略高下错落的青堂瓦舍、孤堡高阁、宅邸祠堂之不同风韵，对空间组合的活泼多变产生强烈印象，如饮甘醴而回味无穷。

陈廷敬在任吏部尚书后又加修外城，形成了今天皇城内外双堡的格局。

太行巍巍，沁河汤汤。

晋城现存的古堡，大都修于明天启三年至崇祯十三年（1623—1640）这十七年的战乱时期，《明史》记载沁河两岸有五十四座古

太行古堡，重获新生

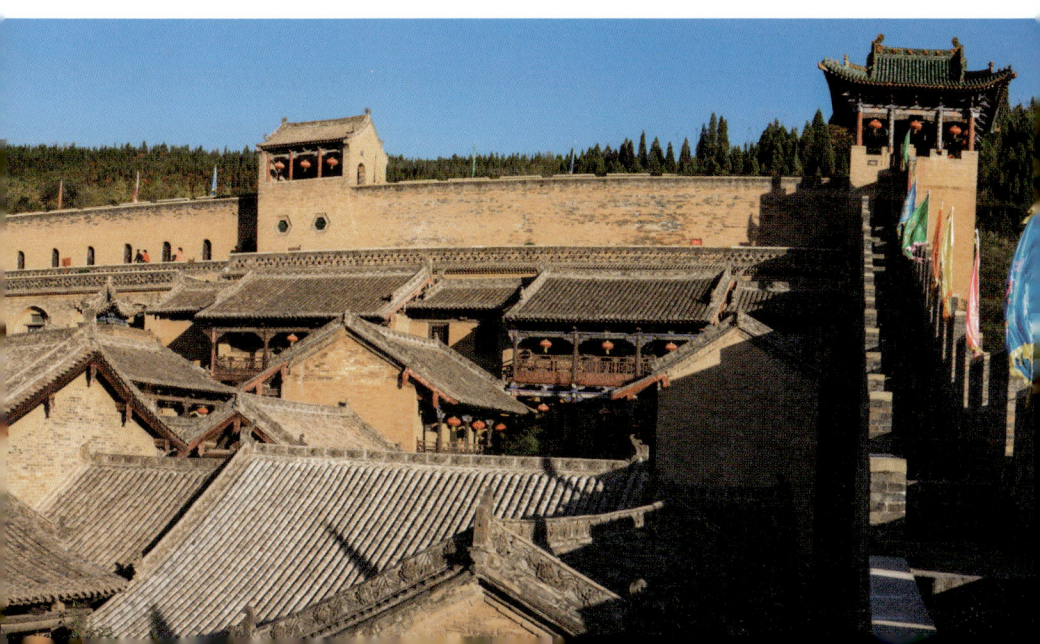

堡。因为修建于特殊时期，这些古堡最大的特点就是具有十分强的防御性，尤其是皇城相府，线性防御与点式设防相结合，既有厚实的城墙，又有高高的碉楼，是平战结合的中国式乡村古堡的杰出代表。

1997年，梁思成、林徽因的学生陈志华和楼庆西因为一个偶然的机会来到阳城，走进了皇城相府，他们和自己的老师一样，因这意外发现而大为兴奋，惊叹如此宝藏居然深藏山野，默默无闻，长期未被发现。

2008年，德国前总理施罗德走进皇城相府。这个在欧洲拥有最多城堡的国家的前总理，为这里的建筑艺术所折射出的丰富的文化内涵啧啧称奇。

2018年，古堡申遗被晋城市政府正式提上议程。"太行古堡首届国际论坛""中西方古堡对话论坛"接连举办，古堡申遗工作正式启动。

兴致盎然的游客和游学的孩子们，从祖国的四面八方涌来。他们感受着古堡的独特魅力，欣赏着，赞叹着，一次次刷新着来访者的纪录……

这么多年来，看着它从藏在深山人不知，到重获新生，我感慨万千。如今，皇城相府已与大同云冈石窟、平遥古城等众多三晋名胜古迹，走进了世人的心中。它也带着我，走进了一个更广阔的世界。

人类在竞争中生存,城堡属于人类居住环境中最坚固的建筑。中国古堡,蕴含着一份自强不屈、抗争自救的精神。中国人内心对和平与美好生活的向往,从未熄灭。

碛口古镇

水旱码头的昔日辉煌

_ 高迎新

山河砺带人文聚,风雨祥甘物气和。
——清代诗人、书法家王继贤

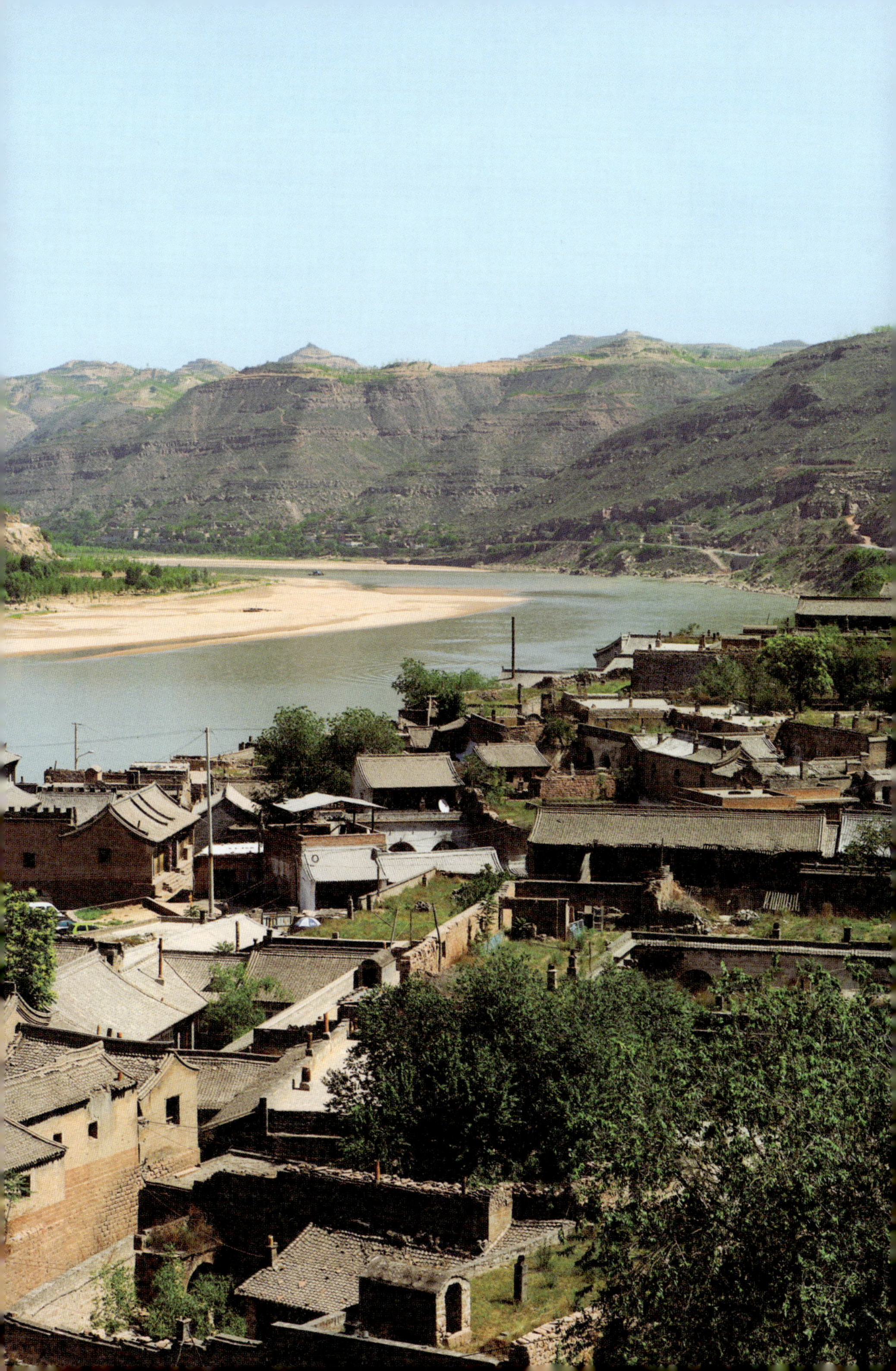

碛口古镇黑龙庙的山门镶嵌着两副石刻楹联，"山河砺带人文聚，风雨祥甘物气和"，这为清代著名诗人、书法家、两度入岳麓书院授业、与曾国藩为莫逆之交的王继贤撰书。王继贤的书法享誉京城，据说朝鲜曾多次派使臣求书"健美凌烟"四字，道光帝为此赏王继贤纹银四千两，被誉为"一字值千金"。而另一副楹联"物阜民熙小都会，河声岳色大文章"，则为清代举人崔炳文撰书。这两副楹联缤纷浩阔，诗意飘然，对仗押韵，充分彰显了碛口古镇的昔日辉煌。

我对碛口的印象，源于那两句在吕梁山广为流传的民谣："拉不完的碛口，填不满的吴城。"前一句极富于色调和气势。李白诗中"君不见，黄河之水天上来，奔流到海不复回"的这种气势，除了在山西吉县壶口瀑布可以领略，再就是临县碛口了。这两个"碛"都在晋陕大峡谷黄河中段，在黄河岸边的老辈人的口里，壶口被称为"大碛"，碛口被称为"二碛"，也叫"大同碛"。他们还对黄河有着自己的称谓，叫"老河"，这个称呼有一种沉甸甸的历史感和沧桑感，让人一下子想到一百多年前那帆樯云集的繁忙景象。碛口是古渡口，也是黄河上著名的商贸古镇，有好多好大的船。民谣的后一句则显示着吴城的繁忙。吴城是一个古驿站，人们走在由碛口到吴城的晋商古道上，需要翻山越岭，在驼铃声声中赶到吴城正好是一天的路程，晚上住进客栈，第二天晨曦微露就出发，继续东进，直到平遥。人们出出进进，货物从不间断，吴城当然是"填不满"的。这是碛口自明清以来，一直到清末民初的景象。

多少年来，对这个神秘的黄河古镇，我心中充满着挥之不去的向往和寻根问底的思考。黄河、纤夫、险滩、商贾、客栈、民谣、传说，这些字眼中究竟隐藏着怎样的文化精神？有着哪些涌动和流变？那些历史故事或波澜壮阔或沉郁柔丽，会给今天的我们带来什么样的感受呢？

那么，就让我们走进位于吕梁山西麓、晋陕峡谷黄河东岸的沧桑碛口吧。

繁华古镇·水旱码头

"碛"，字典中解释为"浅水中的沙石，沙石浅滩"或"水中沙滩"，这种书面解释过于矜持，温文尔雅，全然没有黄河那种冲天的磅礴气势。贯穿临县全境的湫水河发源于兴县黑茶山，河水由北向南，在三交镇折而西流，由碛口汇入滔滔黄河。被湫水河冲刷下来

的沙石在与黄河的交汇处形成一段乱石险滩，拦腰阻挡了一泻千里的黄河水流。碛口以上，河水深而平缓，形成天然良港和黄金水道；碛口以下是长约500米、落差10米的激流险滩，艄公们行船到此，大都会谈"碛"色变，很少有人敢冒着船毁人亡的风险去闯"二碛"险滩的。于是，从包头、银川等地顺河而下的商贾们只得把一船船的货物卸在碛口码头，再雇用骆驼、骡马走陆路，沿着晋商古道向东，抵石州（今山西离石），越吴城，翻黄芦岭，下三十里桃花洞，来到汾州府和晋中平川。

　　站在晋中盆地平遥古城的城楼上，向西眺望，会发现西面的吕梁山沟壑纵横、云烟漫漫，似乎离黄河很遥远。实际上这个距离并不算远，约一百七十千米，但在以河运木船和陆路骆驼、骡马为交通工具的年代，在平遥、祁县、介休、汾阳平川一带的老辈人眼里，黄河碛口就是一个遥远而缥缈的梦。那时候敢于走西口闯世界的男人并不多。后来随着明末资本主义的萌芽，商贾们的地盘和势力不

222

冬日碛口，银装素裹

断扩大蔓延，一些有胆识的人就把发财梦寄托在西边这条黄金水道上。他们的第一站大都在汾州府或永宁州，最初也就是干些引车卖浆、小商小摊的营生。有了一点积累后就从事沿途贩运、客栈开设、镖局护卫之类的营生，最后能混得当个小老板就相当不错了。但终于有人又由永宁州往西，翻过王老婆山，去了碛口，他们无疑是敢于独闯天下的狠角色。这些人中不乏祁县乔氏家族之人、平遥日昇昌票号等店铺的分支掌柜及敢想敢干而守诚信的伙计们。前些年我沿着晋商古道的黄芦岭、吴城、王营庄、车家湾、柳林镇、彩家庄等村镇走访时，随处可见来自平遥、祁县、汾阳等地的商贾后人，他们操着一口纯正的平川口音，述说着昔日辉煌和传奇故事——当年晋商的发展和影响如此之强大，令人感叹不已。

在这里，碛口已经成为一种地理上的极限，"过了碛口"，意味着人生实现了跨越，显示着一个男子汉敢于走西口的风采。那时，经商是不可以带女人和家眷的，那个在老家村口大槐树下痴痴等待着的小媳妇，年复一年，望眼欲穿，丈夫渐渐模糊的身影连同碛口古镇的影像，凝结成一种温馨而苦涩的期盼，潜入长长的夜梦。她后悔自己当初为什么要放他走，让他去寻觅身外的富贵浮云，而自己白白虚度了青春年华。

该走进碛口了。

今天的碛口古镇焕发着方兴未艾的气息。从古镇西边的码头旧址，一直到东面的碛口大桥，一路上有店铺、客栈、饭店、古玩店和大院。所有的商店都临街或位于巷口。店铺沿袭明清以来前铺后店的形式——前面是店，后面的砖砌窑洞是堆放货物、制造加工和食宿之地。客栈都有院子，有的还有两层阁楼。客栈有大有小，小的玲珑精致，大的除住宿外还有拴骆驼的大棚。饭店里面则清一色地摆放着木桌、木凳，极具农家特色。本地特色菜肴应有尽有，黄河大鲤鱼是招牌菜，令人垂涎欲滴，成为游客们的首选。这些建筑，风格严谨、工整、清秀和典雅，青灰色的砖墙瓦顶和本色的梁枋门窗，显得十分雅致。无论走在古街，还是西湾、李家山、寨则山等地，我们看到的窑洞，都是用青砖建造的。一些大财主的庭院还以砖包砌，突出梁、柱、檩的结合。窑洞日照充足，用材讲究，冬暖夏凉。黄河和窑洞一起映入眼帘，赏心悦目。

碛口古镇灯笼高挂，彩旗猎猎，人群摩肩接踵，呈现出一派热闹景象。独具明清风格的建筑，如雨后春笋般散布在各个角落，主街和十三条街巷的石板路被修缮一新。在李家山麒麟山庄，每晚会

碛口古镇

上演《印象碛口》歌舞晚会，姑娘们穿着艳丽的民族服装，衣袂飘飘，后生们扮成艄公汉子，强壮如山。碛口人敞开胸怀，迎接南来北往的游客。

站在古码头遗址，面对黄河的暗流涌动，我不由得感慨万千。

暮色苍茫，往事如烟，史料上记载的明清时期水旱码头的繁忙景象浮现在眼前。

清晨，黑龙庙的钟刚刚敲响，古镇便沸腾起来。渡口又新停了一批羊皮木筏，人们在吆喝声中争先恐后地上了岸。不到一个时辰，岸边便堆满了食盐、羊毛、羊绒、麻油、毛皮和药材。古镇的店铺、客栈、饭铺纷纷卸下门板，掌柜和伙计进进出出，有条不紊地干着活。头道街的高升店是一个骆驼店，掌柜陈兴旺老汉来自西湾陈家大院。他从弥漫着烟雾和羊臊味的窑洞内走出来，习惯性地数了一遍骆驼，又摸了摸羊皮袄内的银票——这是五天来从东路平遥驮棉花、丝绸、百货挣来的足钱。陈老汉祖祖辈辈是农民，却没种过一天地。他从小便跟随父辈们牵骆驼、撵马，到自己这一代已挣下十五匹骆驼、三眼砖窑的家业。他不懂经济理论，但他明白种一年地不如跑一趟东路；他也不知道他乡的经济已非常发达，但他知道原始的积累最终会给自己带来好运。陈老汉给十五匹骆驼驮上盛满麻油的藤篓，朝骆驼吆喝一声，骆铃声便响起来了。王老婆山、永宁州、吴城镇、黄芦岭、汾州府、平遥，东来西去，一队又一队，起点和终点都冲着碛口。

在古镇中心的兴盛韩药铺旧址，韩掌柜的后人韩复兴老人把我让进窑洞。他在炕上的一个黄檀木小盒里找出一张发黄的大清地图，我惊讶地发现了一个庞大的古代贸易网络。以碛口为中心，沿黄河溯水而上，可直达陕北、包头、银川、兰州、西宁；沿陆路东去则可到汾州、太原、石家庄、天津。因此，碛口是古丝绸之路的重要驿站。

碛口古镇由兴起到鼎盛，直至衰败，整整走过了三百多年。寻迹碛口老街，你会看到店肆、客栈、银号、当铺比比皆是，气派和规模令人难忘。临县文化学者、《碛口志》主编王洪廷老先生告诉我，在鼎盛时期，碛口有三道街，街上有商号四百余家，码头上每天往返运输的木船有一百余艘，搬运工有两千余人，过往驮货的骆驼就有三千余匹。可以想象，在贫瘠的晋西山区，那是怎样一派繁华景象。那时外省的商家只知山西有碛口市，而不知有汾州府、临县和永宁州。随着晋商的迅速崛起，碛口特殊的地理位置和晋陕峡谷的黄金水道得到了最大限度的发挥，这里成为名副其实的黄金口岸，涌进了大批淘金大军。

水天苍茫，荒草萋萋，黄河水年复一年地拍打着岸边的巨石。在这里，人与自然苦斗、共生、发展，书写了古镇的辉煌，书写了吕梁山上小都会的华美篇章。

抚摸高大森严的石墙，走入错落有致的庭院，眼望琳琅满目的黄河石、剪纸、布老虎、古玩和民俗小吃，我随着来此写生、摄影、拍照、游玩、考古的人们一同徜徉在古镇的街道。相信不管世事如何变迁，古镇都会坚守自己的朴实与热情，让人们去品味、体验昔日繁华和悠远梦境。

黑龙庙·神话传说

司马迁的《史记·封禅书》中有"昔秦文公出猎，获黑龙，此其水德之瑞"的记载，这是司马迁对黑龙的赞誉。龙是万兽之首、万能之神，是中华民族的图腾，被民间塑造为可以呼风唤雨的祥瑞正义的化身。我以为，从精神和信仰层面上讲，百姓在黑龙庙中供奉的龙王神，正是碛口古镇黄河文化、晋商文化、民俗文化的精髓所在。

黑龙庙位于碛口镇中心的卧虎山头，飞檐挑梁、气势恢宏，是标志性建筑之一。据清乾隆二十一年（1756）"增修钟鼓楼碑记"记载，黑龙庙创建于明代，雍正年间增建乐楼，道光年间重修正殿和东西耳殿。庙门上是"神宫宝界"的匾，左右两侧门上分别书写"拱秀""流霞"，中间大门的两副楹联是对这个沧桑古镇的真实写

黑龙庙

照,起到了画龙点睛的作用。由崔炳文撰书的"物阜民熙小都会,河声岳色大文章"引人注目,"小都会"和"大文章"用得好,韵律规范且有气势,传递出古镇的历史渊源和文化底蕴。王继贤撰写的楹联"山河砺带人文聚,风雨祥甘物气和",融入了一个文人士大夫的价值取向,高雅而不俗。

黑龙庙内的戏台是古代剧场的杰作。发自戏台的声波引起四壁振荡,形成回音,向四面八方扩散,又在开阔的河床上,遇到山谷的震荡,形成又一次的回音。戏台充分利用了声波在庙宇四合院、河水、峡谷间回音震荡的物理作用,产生了"山西唱戏陕西听"的奇妙效果。

关于黑龙庙的修建,有一个凄美的神话传说,这个传说完全是世俗化的,情节也相当简单。陈龙是一个英俊少年,跟随父亲在黄河上行船摆渡。后街的奸商陈蛇之女名桃花,桃花不慎掉进黄河,被陈龙救起,二人由此心生爱意,私订终身。陈蛇闻知大怒,多次加害陈龙,最后把陈龙扔进黄河,陈龙身亡。得知陈龙被父亲残害,桃花跳进黄河以身殉情。这一年夏天突降暴雨,河水泛滥,一条愤怒的黑龙搅动洪水,把陈蛇连同他的店铺、院落全部毁掉,同街百姓的房屋却毫发无损。满街百姓为了纪念陈龙,共同捐资,在卧虎山建黑龙庙,把葬桃花的后沟称之为"桃花沟"。

陈蛇不让自己的千金嫁给艄公的儿子尚可理解,但他对女儿的恋爱横加干涉,又多次害人,以致陈龙身亡,就让人痛恨乃至憎恶了。他终遭报应，这说明民间情感是真诚的，人们的价值观就是朴素的行善惩恶，因果报应。每年农历七月初一，碛口庙会都有一个特别的仪式，叫"祭风神"。老百姓会带着秧歌队，敲锣打鼓，先在黄河岸边祭奠，然后到黑龙庙里祭拜黑龙王，向黑龙王祈祷，保佑全年风调雨顺，百姓安居乐业、行船安全。

古镇的晚上，一轮明月悬在万里夜空。我坐在黑龙庙前的石阶上，望着夜色中的黄河水闪着粼粼波光。连日跋涉，我一次次与悠久的历史对话，对民族文化的感叹、对个体生命的珍爱，在这一刻，汇聚成沉甸甸的思索。黑龙庙内传来山西梆子《穆桂英挂帅》，声音高亢而悠长："一家人闻边报雄心振奋，穆桂英为保国再度出征……"

西湾·陈家大院

让我们走进西湾，走进斜阳中的陈家大院，透过高大的石墙和精致的庭院，去探寻这个"中国历史文化名村"。

西湾坐落在湫水河北岸。坐南向北，背阴抱阳，三面靠山一面临水，湫水河在村前缓缓流过。整个村落四周有围墙，全村倚在卧龙山岗上。这样的选址占据了上乘的风水宝地。枕山、临水、画屏，西湾具有很高的科学考察价值。

相传很早以前，有陈氏两兄弟从洪洞大槐树底下迁移到此，择得这块风水宝地。哥哥开发西湾,弟弟开发寨则山,两地隔湫水河相望。西湾民居群占据着长约250米,宽约120米的狭长地带,外围是城堡式围墙,里面由五条纵向街道贯穿,分别冠名为金、木、水、火、土。各个院落既独立又互相连接,院与院之间有小门相通,随便进入一家,就可神游全村四十五个庭院。每一座院落都布局严谨,功能齐备。均有正房、廊房、绣楼、厅台、厕所、马棚、柴房、磨坊等。院落的大门、垂花门、照壁和厅堂上,随处可见精美的木雕、砖雕,飞禽走兽的造型生动、栩栩如生。街巷的石匾、木匾上书有"福如东海""寿比南山""思进士""明经第"等,书法厚重端庄,极具神韵。我们有理由相信,大院里的陈氏家族绝非一般意义上的富庶人家。

据陈家祠堂思孝堂中立于清咸丰八年(1858)的古碑记载,陈氏"先祖陈师范艰难创业,历代子孙经营有方,持家有道,家业经久不衰",由此可以感受到陈氏家族当年生意兴隆、家景富裕的盛况。村干部说,陈氏后人已经说不清祖先是什么时候来到黄河岸边的,但他们知道祖先最初是从拉骆驼,跑单帮,贩运麻油、食盐起家的,后来有了积累,便在碛口做商贸、搞批发。咸丰年间,陈氏成为远近闻名的巨商,拥有九个村落,三千多亩土地。碛口街的四百多家店铺中,西湾陈氏家族就超过了一半。村干部还告诉我,这里家家有地窖,但地窖里储藏的不是山药蛋,而是银子和元宝。商家每天在碛口街挣银子,当晚就用笸篮(当地一种藤编盛具)装上

银子，整筐整筐地吊放到地窖里。地窖放不下之后，他们先是请镖局护卫银子，将银子送到平遥换银票，后来碛口有了票号，这种担惊受怕的劳顿之苦才结束。

西湾陈家大院的建筑风格不同于灵石王家大院的平地造势，它注重倚山襟水，强调建筑与自然、地理环境协调融合，层层叠置，参差错落，变化有致。这里的房屋融合了在黄土高原上修建土窑洞的精华，把土窑洞改为明柱、厦檐插廊式、砖石拱券顶的正房窑洞。整个陈家大院依山呈梯形，一层的屋顶是二层的院子，二层的屋顶是三层的院子。所有街道、院落的防洪、排水系统明暗配合，布局合理。位于村子中心的绣楼院，成为游客们拍照、摄影的经典场所。

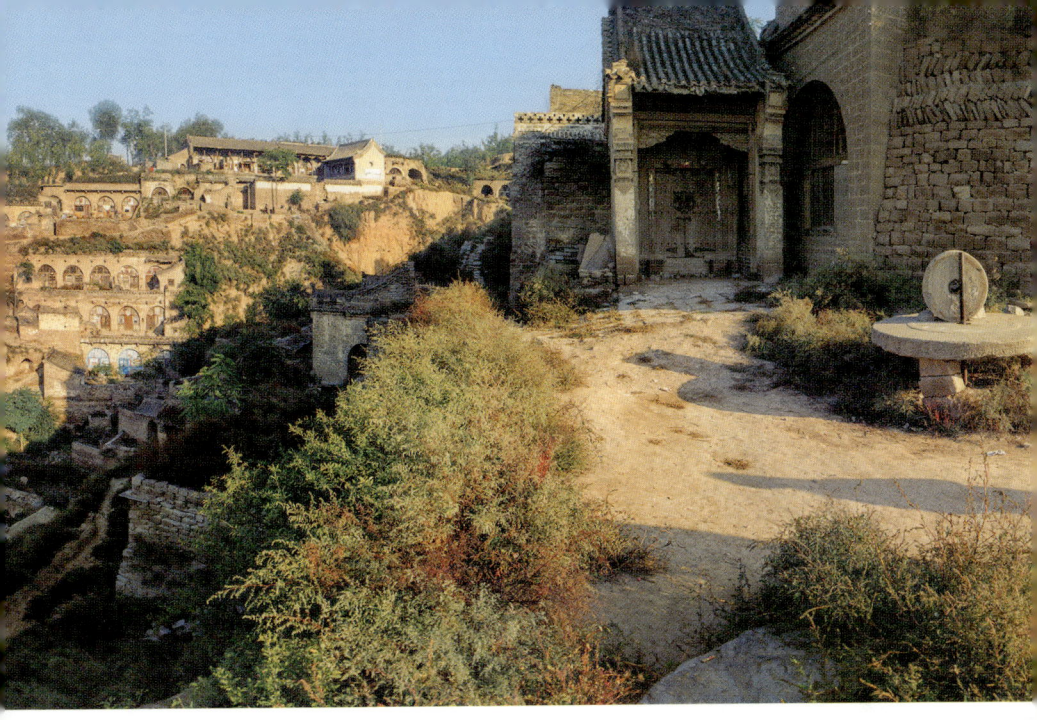

登临李家山，世外桃花源

李家山·麒麟滩

吴冠中先生是享誉海内外的画家。1989年秋天，他带着一群学生来到碛口李家山村写生。登上李家山，映入先生眼帘的是镶嵌在黄土丘陵间的窑洞风格的民居院落。掩映在绿荫下的乡间道路蜿蜒曲折。顺着山坡攀缘而上，绿荫、民居、高墙、红枣、玉米、黄土……构成了一幅祥和的乡野图；而这幅乡野图，又如一座袖珍山城，晋西土窑洞的质朴和厚重，明清古建筑的飞檐和挑梁，俱现眼前，令人称妙。吴先生在一篇论文中惊呼："我在山西有一个重要发现——临县碛口李家山村。这里从外面看像一座荒凉的汉墓，一进去是很古老很讲究的窑洞,古村相对封闭,像与世隔绝的桃花源。这样的村庄,这样的房子,走遍全世界都难再找到!"

吴冠中先生对美的事物有着优秀的鉴赏力,他对李家山的评价显然是发自内心的,绝非溢美之词。

李家山位于碛口以南,大大小小的院落不下于百家,都隐藏于两座黄土丘陵之间。村里基本上都是李氏家族,很多人家都在碛口街上有店铺,做买卖,还有些人做艄公、干撑船、贩运的小营生。人们在碛口赚到银子后便在李家山大兴土木。这里的民居和西湾大同小异,也是以窑洞为主,在黄土高坡上依势而建,从山底一直到山顶,大小院落由高到低,竟有十一层之多,形成一个颇具规模的立体村落。层叠的房屋由石道巧妙地连接起来,下一层窑洞的窑顶就是上一层窑洞的院落。

据《李氏族谱》记载,李家山有东西两大财主,东财主李登祥,在碛口街上开的是"德合店""万盛永",西财主李德峰,开的是"三和厚"。两家善于做生意,财路亨通,日进斗银,与西湾的陈氏家族不相上下。挣下银子后,当然要修房盖屋,这是山西人的传统,黄河边上的李家山人也不例外。但宅院建在哪里呢?他们请来风水先生。风水先生拿着罗盘在碛口四周查勘,经过李家山时,发现两条向南流淌的清泉在该村汇合后注入黄河,内沟之间的山峁形似凤凰头,左右两山则像凤凰的两翼。东财主家定在凤身,西财主家定在凤凰右翼。两家财主使出全身解数暗中较量。他们在几百米的山坡上，从设计到施工，依山就势，高低叠置。建造出来的房屋造型别致，风格各异，砖雕、木雕、石雕精美细腻，雕刻内容不乏传统文化、民俗文化和神话传说的精髓。

关于李氏家族，我曾经在《回望彩家庄》一文中溯源："彩家庄村民大都为李姓，且为同一家族，这和李家山的李氏家族一样，同源、同宗。据彩家庄《李氏族谱》载，最初来彩家庄开荒种地、安营扎寨的是李氏祖先李孟清、李兴兄弟二人，时在清顺治年间，算起来已有三百多年。他们来自临县下西坡村，李家山李氏也同样来自下西坡村。"

二十年前，我到李家山采访，西渡黄河，找到了正在修族谱的李家山后裔李世耀、李步英先生，证实了下西坡李氏来自米脂的说法。李氏再溯源就到了南宋嘉定年间。始祖李天杰从陕西米脂李继迁寨（今陕西横山殿寺镇李继迁村）东渡黄河迁到临县下西坡。明成化年间，下西坡李氏的一支迁到了李家山，比迁到彩家庄的李氏早了二百年。李继迁寨为明末农民起义军领袖闯王李自成的原籍，也就是说彩家庄和李家山的李氏都是李自成的后裔。崇祯十七年（1644），李闯王攻进紫禁城，但仅过了四十天，清朝军队南下，李自成兵败，被清军一路追杀。清军当然不会忘记李自成的老家。"清顺治元年九月，降清保德守将唐通带兵到米脂，在李家寨（古李继迁寨）剿杀李自成族人，数百名农民惨遭血洗。"《米脂县志》上这样记载。黄河西岸被刀光剑影所笼罩，血雨腥风中，米脂李氏族人四处奔逃，甚至改名换姓。当时，仅一河之隔的临县下西坡的李氏后裔们，他们在想什么，我们今天已不得而知，但自己的祖先和李自成同宗，他们是知道的。那一刻，他们是否倒吸一口冷气，暗自庆幸祖先早在几百年前就迁到了这偏僻的山沟里。

李家山也有一个美丽的传说，这个传说给百姓带来了恩惠，麒麟送子的祥瑞因此惠及全村每一位老百姓。清雍正元年（1723），李廷芝家的母牛产下一个鹿身、狮尾、牛蹄、龙角的怪胎，此时李廷芝的媳妇也在怀孕十二个月后突然分娩，生下一个儿子。恐慌中，李廷芝将怪物弄死，儿子也一命归西。夫妻二人将儿子与怪物埋在山下的黄河滩。当晚狂风大作，黄河暴涨。第二天，人们发现黄河岸边竟然奇迹般淤出了两百多亩水地。村里有老者说，这是千年不遇的麒麟送子现象。麒麟送子，黄河淤滩，给全村百姓带来了好运。麒麟是古代神话中的一种瑞兽，也是平安、吉祥、聚财、富贵、慈祥和人才的象征，从古到今都是公堂上的典型装饰物，人们经常用麒麟来形容德才兼备的人才。前些年，人们在李家山下修建了以这个神话故事命名的麒麟山庄。山庄楼宇耸立，绿树环绕，设施齐全，成为晋陕峡谷中别具一格的会议中心。

站在麒麟山庄仰望李家山，只见凤凰展翅的古村落焕发出崭新的面貌，让人感慨万千。李家山有历史的传奇故事，更有关于黄河关于生命的奋斗故事。李家山人聚集在黄河岸边的麒麟滩，远眺九曲黄河从大同碛下来，坚守了几百年。他们本来可以选择去更远的地方经商，例如包头、银川、兰州，但日暮乡关何处去，浊流滔滔，烟雨蒙蒙，传统的乡土意识拴系着他们。他们脚踏实地地坚守和耕耘着，留恋家园的一方水土、一片河滩、一片梯田，甚至一座废墟。就在不远处的孟门，那里有"晋西第一丛林"南山寺，寺内有"禹王石"，巨石上的大禹脚印清晰可见。"吕梁未凿，河出孟门之上"——吕梁即今骨脊山，孟门有蛟龙壁，这些遗址见证着大禹治水的壮举，也见证着李家山人为生存、为家乡艰苦奋斗所创造的奇迹。

寨则山·红色故事

与碛口隔河相望的寨则山，有一座镶嵌在黄土高坡上的深宅大院，这是西湾陈氏家族的另一支后裔。大院门楼飞檐挑梁，牌匾字迹厚重，高墙大院错落有致，它和四周的碛口古街、西湾民居、李家山民居如出一辙，融为一体，共同见证着当年碛口古镇的辉煌。不同的是，寨则山曾经是伟人毛泽东住过的地方，在陈家大院中，至今保留着这一段难忘的红色记忆。

1948年，新中国成立前夕，毛泽东亲率前委机关离开延安，由陕北迁往华北西柏坡，途经寨则山，六十余天后，完成了战略大转移。

寨则山的陈祖儒老人已经八十岁了，但一提到毛泽东，便精神焕发，滔滔不绝。陈祖儒告诉我，那天，他原本打算进县城买些农具和种子以备春耕，但一大早就被民兵连长告知待在家中。傍晚时分，邻居媳妇把不满一周岁的小孩送到陈祖儒家里，那时陈祖儒刚娶过媳妇，邻居媳妇就让他媳妇帮忙照料孩子，并神秘地告诉他："毛主席来村里了。"是村长让她帮助照料毛主席的。毛泽东在寨则山住下的当晚，顾不上休息，连夜找来村长兼党支部书记的陈彬等人谈话，详细询问了当地土地改革、救灾和群众生活等情况。

陈祖儒是临县伞头秧歌的伞头，听说毛泽东来到寨则山，激动得彻夜未眠，他想用演唱伞头秧歌的形式来表达自己的心情。第二天清晨，闻讯而来的群众早已聚集在陈家大院坡下的打谷场上，大家都想亲眼看一看毛主席。早饭后，毛泽东、周恩来、任弼时等一行走出陈家大院，等候已久的群众立即沸腾起来，又是欢呼又是鼓掌。

陈祖儒回忆说，毛泽东神采奕奕，精神饱满，微笑着和大家一边招手致意，一边就要跨上战马。年轻的陈祖儒拉着村支书的衣襟，轻声说想让毛主席停一下，听他唱首准备了一夜的秧歌后再走。群众高涨的情绪和真挚的感情感动了毛泽东，毛泽东微笑着用浓重的湖南口音说："谢谢乡亲们，让我女儿给大家唱一个吧，我们一起奋斗，打倒蒋介石，解放全中国！"于是，李讷站在石磨上，用清脆的嗓子唱了一首陕北信天游："山丹丹花儿红艳艳，咱们中央红军到陕北……"

吴城驿站·黄芦岭

碛口的繁荣离不开吴城。吴城位于永宁州与汾阳县分界的黄芦岭（今离石与汾阳交界处）下，是商贩行商的中转站，也是非常古老的驿站。"吴城三交，冻死飞鸟"，是在当地流传甚广的民谣，也是在刺骨的寒风中牵着骆驼走在古道上的谋生者的切身感受。三交是吴城驿道上九里湾以东的小山村，到黄芦岭有十里山路。在做筐村，村民武九基老汉操着平遥方言告诉我，他家五代以上的祖辈就来这里做买卖了。脚下便是著名的黄芦岭古关隘，关隘下的古官（商）道有六百余年的历史了，是山西商人经黄河进入大西北的重要通道。如今，古道杂草丛生，但三道车辙依然清晰可见。路面历经雨雪风霜的侵蚀，还是那么坚硬宽畅。道旁的界碑上刻着"永宁州东界"的字样，为清嘉庆年间立。从元末明初到20世纪30年代，黄芦岭在晋西的知名度相当高。

岭上的寨门连着一段城墙遗址，为北齐天保三年（552）修建，这就是著名的北齐长城。它南起黄芦岭，北至朔州社平戎，连绵起伏四百余里，是当年抵御大漠铁骑入侵中原的屏障。走在深坑垒石和残垣断壁间，在我的脚下，是一座千年关隘，见证着吕梁山一段悠久厚重、可歌可泣的历史。明万历年间的《汾州府志》记载："黄芦岭，在城西六十里。宣德四年置关守之，洪武初，设巡检司，为石、隰往来大路，险阻多盗。"

西斜的阳光射过来，照着路旁的石壁，石壁上记载着当年商家捐资修路之事，落款是清咸丰三年（1853）。古道漫漫，黄芦岭经历过多少铁血寒光的杀戮和战乱，发生过多少惊心动魄的故事，萦绕着多少牵肠挂肚的思乡情怀？古代官（驿）道有"十里有庐，庐有饮食；三十里有宿，宿有路室，路室有委；五十里有市，市有候馆，候馆有积"的设置。虽然古道天高皇帝远，但东去西来的赴任、考察、迁徙、流放的官员和差役当也不少，但候馆和巡检司在哪里呢？清乾隆年间的《汾州府志》记载："顺治六年署毁，设在冀村，康熙五十二年，以守备旧廨分作巡检驿丞官署，雍正四年，巡检驿丞并裁汰，七年，复设黄芦岭巡检司。"再看《黄芦岭候馆辟路记》："兹廨南向四楹，东西庑暨厨灶备，门亦四楹，两旁为茶亭，盖余于城临工竣之月归而创建焉。"廨，特指官署，或是官吏办事的地方。南面的窗户前有四柱，当是三孔窑，东西厢房也是四柱，各三间，两旁还有茶亭。这大抵就是当年候馆和巡检司的所在地了。

在通往碛口古镇的古商道上，黄芦岭不仅自身具备关隘、寨堡、候馆、巡检司等多种功能，就连与它相连的村庄也设有吴城驿、岭底铺、向阳铺、金锁关，且都驻有兵丁，可见黄芦岭对于朝廷来说，并不是一般意义上的关隘和商贸古道。在从平遥到碛口的这条古道上，追逐富贵的商贾、赶考的秀才、外放的翰林学士、云游四方的僧侣络绎不绝，他们来到此地，定会登高望远并感慨万千。发财梦和思乡情、英雄梦和寂寞感、山川和美人、"居庙堂之高"和"处江湖之远"，种种情感都会得以抒发。不少有感而发的佳作纷纷问世，在《汾州府志》中，记载了许多有关黄河、碛口、吴城、黄芦岭、晋商古道和三十里桃花洞的诗篇，有不少称得上是上乘之作。

"九曲黄河万里沙，浪淘风簸自天涯"，刘禹锡的诗句传递着一种豪放情怀，较之孔子面对河流感叹"逝者如斯夫"，多了浩然气概。今天的黄河，早已不见了滚滚浊流和纤夫赤裸的背影，也不闻

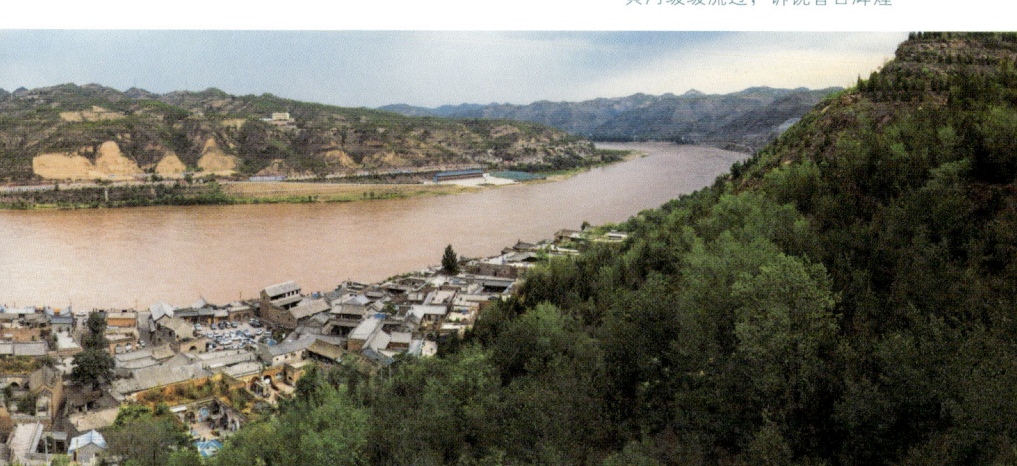

黄河缓缓流过，诉说昔日辉煌

那洪水泛滥的报警锣声了。

站在黑龙庙鼓楼远眺,九曲黄河缓缓流过,古镇繁华,古道悠远。碛口,已深深印在心里。

后　记

　　雨后初晴，太阳光照进清蒙的水滴中，水就如魔术师的手，折射出七彩，人们看见了彩虹。赤橙黄绿青蓝紫，携手而至，人们便能感知七色呈现出的神圣而美丽的情与景。

　　七色之美，是以各自的风华来互相映衬的，仿如今天这本书的面世，七个人，七种风格，八处建筑，八条通向美与精神的路，顾盼自雄，亦相映成趣。

　　与彩虹可媲美的是夕照，夕阳离开天空时，是以奋力一坠来呈现最后的华彩的。那华彩照进古建筑，古建筑便披七彩之光，幻化出震古烁今的中华之光，与三光同光。那光影中，最炫目的美，莫过于飞檐的剪影。剪影是无意中形成的，却成为一种意象，久久地，久久地，拓印在每一个古建热爱者的心头。其意其蕴，无论是如椽巨笔，还是华贵的相机、秉神笔的马良，都难以尽描尽述。

　　正因为这种难以尽述，这飞檐之剪影，便具有了永恒的魅力，吸引着一代又一代的中国人、一批又一批的外国人，半城车马为君来，华盖幢幢，目睹并传递出不一样的风情。

　　那飞檐下，飘荡着许多人的魂灵与故事。晋祠里，傅山举着狼毫巨笔，一处又一处书写着唐叔虞、李世民留下的山河之思。悬空寺里，李白或许曾写下"壮观"二字，诗仙的踪迹虽神鬼难测，但不妨碍五岳之恒山凝结出儒释道相融相通的足迹。佛光寺里，梁思成的叹息犹在，百年屈辱就像一个幽灵存在于他的心头。应县木塔下，走来了一个女人，她是萧挞里，在辽帝国的兴衰荣辱中，身负木塔的起建和传奇，看着梁思成和他的伙伴，许多话语来不及殷殷倾诉。永乐宫的旧址与新址之间，奔跑着柴泽俊，古建的典雅与艺术的力量，都在他心底，如海之波澜，壮阔汹涌。永祚寺里，牡丹盛放，沧桑与繁华，都在傅霖的眼底凝聚，看着双塔起，看着傅山生，傅霖笑了，笑出一个民族的自信与风骨。皇城相府里，活动着陈廷敬的身影，冢宰第、斗筑居、河山楼，都是他不绝的牵挂，他在皇朝与相府之间，以目光作桥，倾尽了一生的努力。碛口古镇边，黄河日夜流淌，晋商穿梭其间，建古镇，写传奇，把黄河文化放在心头。黄河也把碛口、永乐宫的人和事，写入河流史中。

七位作家，捕捉着或神或人的旧事，并在旧事与时代之间，绘出一架彩虹桥，试图让古建以新的面目，面对尘世中欢乐或痛苦的人群。

飞檐是美的，从"出檐深远"之定位开始，一步步穿越历史沧桑，与每个建筑所在的时代结合，演绎出新的风貌。

这些带有时光痕迹的古建，就是历史的缩影。古往今来，现实与历史、粗犷与细腻、理性与冲动、文明与野蛮、光明与黑暗、江湖与庙堂、飞翔与坠落、繁杂与简单、实用与经济、政治与文化，都交融其间。飞檐之意象，林徽因是给过一个定义的,它就是建筑意。铺陈在三晋大地上的建筑意,只可意会不可言传。这就是写作此书的意义。

在这极具东方美的建筑意中,最该铭记的是精神。傅山为何隐居晋祠?梁思成为何穿梭于古建?这些建筑为何在各种天灾人祸之后,还能顽强挺立?掠过世间浮华,那背后是脊梁,是精神,是几千年来我们一次次破碎又重生的精神。历经磨难,每一个身处其中的人,都会为古建添瓦亦添彩。只不过,众人只负责自己的那一点点使命,分散了表象也分散了目光。精神是在一年又一年、一处又一处古建的修筑或修缮中填充进去的,多思者皆可得。

而精神,是不死的。

即使有一日建筑倒塌了,我们七位作家写下的历史和故事,也是脊梁,也是精神,不会倒塌,不会荒芜。

不会荒芜的精神,就是雨后的彩虹,风雨又算得了什么呢?

那么,建筑的奇巧还是壮观、重建还是搬迁、世俗还是宗教、讲究还是随缘,都彰显着民族精神的弘扬、文明的再现。

文明最重要,也最难表达。它镌刻在每一块石头或每一根木头上,也镌刻在每个人心里。千人千面,万人万意,而飞檐八风不动,也永不消逝。

飞檐如此,三晋大地亦如此。观之如海,观之如虹。

王 芳

图书在版编目 (CIP) 数据

夕照中的飞檐 / 边云芳等著 . -- 太原：山西教育出版社，2024.5（2025.4 重印）
（山西文化记忆 / 杜学文主编）
ISBN 978-7-5703-3886-3

Ⅰ . ①夕… Ⅱ . ①边… Ⅲ . ①古建筑—介绍—山西
Ⅳ . ① K928.712.5

中国国家版本馆 CIP 数据核字 (2024) 第 072937 号

夕照中的飞檐
XIZHAO ZHONG DE FEIYAN
边云芳 等　著

选题策划	马　宏　狄晓敏
责任编辑	刘晓露
复　　审	郭志强
终　　审	赵　玉
装帧设计	薛　菲
内文设计	陈　晓
印装监制	赵　群
出版发行	山西出版传媒集团·山西教育出版社
	地址：太原市水西门街馒头巷7号
	电话：0351-4029801　邮编：030002
印　　装	山西新华印业有限公司
开　　本	890mm×1240mm　1/32
印　　张	8.125
字　　数	156千字
版　　次	2024年5月第1版　2025年4月山西第4次印刷
书　　号	ISBN 978-7-5703-3886-3
定　　价	69.00元

如发现印装质量问题，影响阅读，请与山西教育出版社联系调换。电话：0351-4729718。